Band 390

Hans-Jürgen Greschat

Was ist Religions-wissenschaft?

Verlag W. Kohlhammer
Stuttgart Berlin Köln Mainz

Martin Kraatz
dem religionswissenschaftlichen Weggefährten
seit mehr als dreißig Jahren

CIP-Titelaufnahme der Deutschen Bibliothek

Greschat, Hans-Jürgen:
Was ist Religionswissenschaft? / Hans-Jürgen Greschat. –
Stuttgart ; Berlin ; Köln ; Mainz : Kohlhammer, 1988
(Urban-Taschenbücher ; 390)
ISBN 3-17-010023-8
NE: GT

Verlagsort: Stuttgart
Umschlag: hace
Gesamtherstellung:
W. Kohlhammer Druckerei GmbH + Co. Stuttgart
Printed in Germany

Inhalt

Vorwort

Von einem wissenschaftlichen Buch erwarten Leser Belehrung und Anregung. Was tun viele mit empfangener Belehrung? Sie geben sie weiter an jene, die ihnen beim Essen oder in einem Examen oder bei einer Diskussion zuhören. Auch eine Anregung kann man so weitergeben. Als Gesprächsstoff hätte sie freilich ihren Zweck verfehlt, denn wer sich anregen läßt, wird etwas unternehmen, wird etwas tun und nicht nur darüber reden wollen.

Dieses Buch soll Leser anregen. Wenn sie lernen, fremde Religionen mit neuen Augen anzuschauen, mit professionellem Blick sozusagen, hat es seinen Zweck erfüllt. Vielleicht enthält es auch noch dieses oder jenes, über das zu reden sich lohnen würde. Von mir beabsichtigt war indessen das Tun.

Ob Religionswissenschaft ein Handwerk ist, manche scheinen es zu bezweifeln. Einige haben anderes gelernt, waren Philologen, Theologen, Philosophen, Soziologen, bis sie sich, aus welchem Grund auch immer, Religionswissenschaftler nannten. Wir können sie nicht hindern, denn eine Handwerkerinnung, die das Gewerbe der Religionswissenschaftler schützt, gibt es nicht.

Innungen wachen über Normen und Standards ihres Handwerks. Die fehlen der Religionswissenschaft. Es gibt weder einheitliche Studienpläne noch Prüfungsordnungen. Was an der Universität A gelehrt wird, ist an der Universität B kein Thema. So ist die Lage. Aus ihr folgt, daß jeder Religionswissenschaftler sein Metier betreibt, wie er kann.

Andere Religionswissenschaftler arbeiten in ihrer Werkstatt folglich anders als ich in meiner. Zu lesen ist, was ich tue, doch was ich sage, zielt auch auf Allgemeingültiges. Seit mehr als fünfundzwanzig Jahren haben mich Studenten, deutsche, nigerianische, neuseeländische, in Seminaren und nach Vorlesungen über unser Fach ausgefragt. Deshalb weiß ich, was die meisten wissen wollen. Daß sie es auch tun, dazu sollen ihnen unter anderem die Kapitel dieses Buches Mut machen.

Für ihre bereitwillig gewährte Hilfe beim Schreiben und Korrigieren des Manuskriptes bin ich Renate Zimmermann, Petra Siegmann und Dietmar Först herzlich dankbar.

Marburg, am 1. November 1987 *H.-J. Greschat*

I. Wissenschaft – wovon?

Das Wort »Religion«: Wie unterschiedlich es verstanden werden kann

Das Wort »Religion« ist wie ein Labyrinth: Wer keinen Faden in der Hand hält, wird sich verirren. Gleich hinter der Schwelle stoßen wir auf eine Ungereimtheit. Das Wort »Religion« gehört zum deutschen Alltag wie zum deutschen Sonntag, aber das Wort »Religionswissenschaft« scheinen nur Eingeweihte zu kennen. Die übrigen bekunden das unbestimmte Gefühl, es handele sich dabei »um Theologie oder so«. Den Grund braucht man nicht weit zu suchen.

Wie in anderen europäischen Sprachen auch, ist das lateinische Wort *religio* fest im Deutschen eingewurzelt. Und weil die europäische Kultur vom Christentum geprägt wurde, denken Europäer beim Wort »Religion« zuallererst an die christliche. Damit geben sie einem Drang nach, Ungefähres anschaulich zu füllen. Am Baum der Unkenntnis wachsen Worte haufenweise, aber sie sind leer. Gut reden läßt sich dagegen über eine Sache, die man kennt. Wer also über Religion reden will und nur die christliche kennt, hat keine Wahl.

»Christliche Religion«, auch das ist ungefähr ausgedrückt. In Wirklichkeit gibt es sie nur aufgefächert. Zu Gesicht bekommt man das Christentum als römisch-katholisch und evangelisch und baptistisch und methodistisch und russisch-orthodox und noch anders. Soll demgegenüber die christliche Einheit zum Ausdruck gebracht werden, dann sagt man, im öffentlich-rechtlichen Bereich besonders gern, »Religion« anstelle von »Christentum«. Zum Beispiel bei Rundfunk und Fernsehen, wo die Zuständigkeit für »Religion« paritätisch an katholische und evangelische Fachleute vergeben wird. Zum Beispiel in Kultusministerien, wo man mit dem Namen »Religionsunterricht« den katholischen und den evangelischen zusammennimmt. Zum Beispiel bei der Ausbildung von Lehrern für das Schulfach »Religion«, für die man Professoren der katholischen und der evangelischen Theologie in Fachbereichen mit dem Namen »Religionswissenschaft« zusammenspannt. Jedoch, der Name ist nicht die Sache. Das zeigt sich zum Beispiel bei der Deutschen Forschungsgemeinschaft. Wo die katholische und die evangelische Theologie mit ihren Fachgebieten etabliert sind, gibt es für das Fach Religionswissenschaft keinen Platz.

Wer nur eine Religion kennt, kann nur über die eine reden. Das gilt auch für Religionskritiker. Steigen sie aus der Höhe des Abstrakten herab auf den Boden des Anschaulichen, dann müssen sie von mindestens einer Religion reden, von einer ganz bestimmten, die sie selber, mehr oder weniger gründlich, kennen sollten. Weil sie Europäer sind, liegt Kritikern vor allem das Christentum im Sinn, das heißt eine der christlichen Konfessionen: in Frankreich besonders die römisch-katholische, in Schweden besonders die lutherische, in Rußland besonders die orthodoxe und so weiter.

Mithin spaltet sich das Wort »Religion« in den Köpfen derer, die es hören oder sagen. Die wahre stellt sich falscher Religion entgegen oder die klare Vernunft der religiösen Dumpfheit. Ein weiterer Bruch trennt äußerliche und innerliche Religiosität. »Welche Religion ich bekenne? Keine von allen, die du mir nennst. – Und warum keine? – Aus Religion!« So verdichtet Schiller diesen Gegensatz.

Auch von nichtchristlichen Religionen haben Europäer seit langem gewußt. Juden wohnten schon immer in ihrer Mitte und Muslime im Heiligen Land. Europäer, auf der Suche nach Gold und Pfeffer, entdeckten Chinesen und Inder, Indianer, Afrikaner, Südseeinsulaner. Spätestens im 19. Jahrhundert wurde offenbar, daß es außerhalb Europas viele tausend Religionen geben muß.

Mit Menschen geht es uns so: Einige kennen wir gut, mit Namen kennen wir sehr viel mehr, noch mehr kennen wir vom Sehen, doch dann verschwimmen die Gesichter zur anonymen Menge und weiter zur Bevölkerungszahl bis hin zur unanschaulichen Menschheit. Die vielen Männer und Frauen unterschiedlicher Rassen und Kulturen, unterschiedlicher Berufe und Interessen faßt man zusammen zur Gattung Mensch. Mit den Religionen macht man es ebenso.

Wie jede Gattung läßt sich auch Religion an ihren wesentlichen Merkmalen erkennen. Was ihr Wesen ausmachen soll, europäische Denker haben es längst aller Welt verordnet. Wesentliches vereint die Religionen, Unwesentliches trennt sie. Was sie trennt, ist ihre Besonderheit. Wer von Religion als Gattung spricht, darf Eigenarten hintansetzen. Das tun die meisten. Sie kennen die europäische und die Religion an sich, zwei Endpunkte. Was zwischen ihnen liegt, das kennen sie nicht.

Gebildete freilich, wir erleben es in den Medien und anderswo, gehen behende um mit Worten wie »Weltreligionen«, »monotheistisch«, »Hochreligionen«, »magisch«, »Naturreligionen« und so fort. Das Licht, das sie mit solchen Europäerworten auf außereuropäische Religionen zu werfen meinen, erhellt nichts, was es dort zu sehen gibt.

Doch wer kennt sich wirklich aus, das heißt, welche Europäer kennen eine oder gar einige der vielen tausend Religionen von jenseits der Grenzen Europas nicht nur vom Hörensagen? Eine fremde Religion kennenlernen, es kann mit Mühe, Geduld und Liebe gelingen. Der Einsatz lohnt, denn wenn es gelingt, wird daraus eine innige Beziehung. Aber der Preis bleibt hoch, nicht viele haben ihn zahlen mögen. Zu ihnen gehören, von Berufs wegen, Religionswissenschaftler.

Der Begriff »Religion«: Wie die Suche nach ihm immer aussichtsloser wird

Mißverständnisse sind Kinder unklaren Ausdrucks. Wissenschaftler wollen in der Regel verstanden werden, darum ziehen sie die eindeutige der mehrdeutigen Aussage vor. Was Naturwissenschaftlern mühelos über die Lippen kommt, bereitet Religionswissenschaftlern arge Not. So gut wie nie können sie ihre Erkenntnisse als Formel oder Maßzahl mitteilen. Sie müssen mit Worten genau sein. Präzise Worte sind die Begriffe. Die allermeisten religionswissenschaftlichen Begriffe gehören den Religionswissenschaftlern aber nicht allein, ihren Wortschatz teilen sie mit Wissenschaftlern anderer Disziplinen. Das Wort »Religion« dient Spezialisten aller möglichen Fachbereiche als ein Name, mit dem sie freilich keineswegs immer und überall dieselbe Sache bezeichnen.

Seine Definition sagt, was ein Begriff umfassen soll. Ihre Begriffsbestimmung müßte uns mithin eröffnen, was Religion ausmacht. Doch da liegt der Hund begraben. Zwar gibt es viele Definitionen von Religion, vermutlich ein paar hundert, zwar macht man unentwegt neue, bislang aber ohne den erhofften Erfolg. Es findet sich nämlich keine, der nicht irgendjemand widersprechen würde. Wenn zum Beispiel A. beteuert, zur Religion gehörten unbedingt Geistwesen, sagt B.: »Nein, nein, Geistwesen keinesfalls, vielmehr das Versprechen von Erlösung«, was, nebenbei bemerkt, auch den Marxismus unter die Religionen brächte. Wenn C. meint, Religion würde den Menschen in ihrem Leben einen Sinn zeigen, widerspricht D., der sie für eine Art Geistesschwäche hält, von der die Menschheit möglichst rasch geheilt werden sollte. Beim Definieren haben christliche Denker Christliches im Sinn und kümmern sich nicht groß um fremde Religionen. Gelehrte Hindu, Muslime und andere tun desgleichen und bestimmen als »Religion«, was ihnen von Kindesbeinen an vertraut ist. Ob der Tag noch kommt, an dem alle mit einer Definition einverstanden sein werden? Viel spricht dafür nicht.

Bevor man seine Ansichten und Meinungen zum besten gibt, soll man seine Begriffe klären. Das fordert eine Regel, und wer ihr folgt, wird manches Mißverständnis verhindert haben. Das Sprichwort sagt indessen, keine Regel ohne Ausnahme. Und wirklich dürfte es die Religionswissenschaft nach der Regel nicht geben, solange keine Einigkeit darüber besteht, was Religion ist. Weil es aber Ausnahmen gibt, gibt es auch die Religionswissenschaft, neben anderen Wissenschaften übrigens, deren Name ebenfalls aus fernen Tagen stammt. Was »Gott«, was das »Leben« oder die »Seele« sei, das wissen Theologen, Biologen oder Psychologen wohl ebensowenig sicher zu bestimmen wie Religionswissenschaftler die »Religion«.

Jene Regel wird von ihrer Ausnahme nicht außer Kraft gesetzt. Was sie fordert, ist richtig, auch in der Religionswissenschaft, freilich in anderem Zusammenhang. Wer eine Religionstheorie entwickelt, wird sicherlich auch festlegen, was er unter »Religion« versteht. An einer logisch gebauten Theorie ist nicht zu rütteln, solange man den zugrundeliegenden Religionsbegriff gelten läßt. Was zum Beispiel Karl Marx oder Sigmund Freud oder Karl Barth über die Religion lehren, klingt solange einleuchtend, als man ihrer Setzung zustimmt, »Religion« sei Opium oder Illusion oder Unglaube. Ein Religionsbegriff erschließt wie ein Schlüssel die Theorie, für die er gemacht ist. Ein unpassender Religionsbegriff ramponiert sie wie ein Brecheisen.

Das Wort »Religion«, weil es mit vielen, sogar sich widersprechenden Inhalten befrachtet wurde, taugt nicht als genauer Ausdruck, als Begriff. Das Wort, der Name, der Begriff, zum Glück sind sie nicht identisch mit der Sache, die sie benennen oder bestimmen sollen. Daß wir keinen allgemeingültigen Religionsbegriff besitzen, ist ein Mangel, aber keine Katastrophe. Denn die Sache bleibt, und das Geschick von Wörtern, die Menschen für sie erfunden haben und noch erfinden werden, berührt die Sache nur am Rande.

Die Sache Religion: Wie unterschiedlich sie dem Betrachter erscheinen kann

Die meisten Betrachter stoßen auf die Sache Religion eher zufällig, in einer Nachrichtensendung etwa oder auf einer Urlaubsreise. Was sie da zu sehen und zu hören bekommen, löst Emotionen aus: »langweilig!« – »schauerlich!« – »faszinierend!« Das ist eine erste Wirkung der Sache Religion: Die einen ödet sie an, andere rüttelt sie auf. Nur die Aufgeweckten sollen uns hier beschäftigen.

Die Sache wirkt auf Fremde zwiespältig. Religion zieht uns an und sie stößt uns ab. Bilder von blutenden schiitischen Geißlern, der Anblick eines quälenden Tieropfers, die Lektüre britischer Gerichtsakten aus Indien über die *Thugs,* eine Bruderschaft von heimlichen Mördern, die, selber Hindu, andere Hindu rituell erwürgt haben, dies und noch mehr jagt Betrachtern Schauder über den Rücken. Anderes wärmt ihr Herz. Zum Beispiel die Friedfertigkeit des Buddha, der die Liebe nur dann preisen wollte, wenn sie mit Haßlosigkeit zusammengeht; oder die Indianer, deren Religionen uns wie Muster ökologischer Ausgewogenheit vorkommen; oder, als Sieg über Männervormacht, die Zulu, die nur Frauen zu einer bestimmten religiösen Spezialisierung zulassen und höchstens noch solche Männer, die sich wie Frauen kleiden und benehmen.

Wie Betrachter auf die Sache Religion reagieren, hängt davon ab, wo und wann sie leben. Neben dem Zeitgeist bestimmen auch ihre persönlichen Neigungen und Abneigungen, ob sie eine religiöse Sache negativ oder positiv bewerten. Der praktische Kommunismus einiger Stammesreligionen versetzt Studenten in helle Begeisterung. Die Kehrseite der Medaille, daß es dort keinen Individualismus geben kann, gefällt weit weniger. Daß Buddhisten schon immer über Methoden verfügten, die bei uns seit kurzem als Mittel zur Selbstverwirklichung geschätzt werden, lockt viele an.

Daß Buddhisten sich gegen die Abtreibung stellen – als Grund dafür geben sie Mitleid an: es könne tausend Jahre und länger dauern, bis ein Wesen wiederum die Chance hat, als Mensch geboren zu werden – mißfällt manchen.

Wie Betrachter auf die Sache Religion reagieren, hängt auch von ihrem Glauben ab. Christen ziehen aus, um alle Welt zu taufen, damit die christliche am Ende zur einzigen Religion werde. Kämpferische Atheisten bekennen sich zur Religionspolitik kommunistischer Regierungen, die Tempel und Klöster in Produktionsstätten umfunktionieren. Es gibt Wissenschaftsgläubige, die sich gegen alles stemmen, was nach Irrationalismus schmeckt. Erst wenn der letzte Geistheiler als Scharlatan entlarvt sein wird, kann ihre Seele Frieden finden.

Wer die Sache Religion seines Glaubens wegen nicht aushält, mag sie getrost übersehen. Wer sich gegen sie stellt, wird frustriert. Rationalisten können nicht fassen, wenn von ihnen Aufgeklärte fortfahren, auf Mittel zu hoffen, die Wissenschaftler für »wirkungslos« erklären. Kommunistische Machthaber müssen entdekken, daß die Sache Religion sich in dem Maße wiederbelebt, in dem die Behörden ihren Würgegriff lockern. Christen waren tief gekränkt, als in den sechziger Jahren europäische Kolonien selbständig wurden und als erstes weiße Missionare des Landes verwiesen.

Solange es die Sache Religion gibt, wird man sie auch studieren. Religion ist nicht weit, wo Menschen sind. Wissenschaftler, die das Einzel- oder das Gemeinschaftswesen Mensch erforschen, bekommen früher oder später auch die Sache Religion zu Gesicht. Sie sehen sie freilich nur in Ausschnitten, wie durch immer andere Fenster, die sich, je nach Fachgebiet, in verschiedene Richtungen öffnen. Archäologen überlegen, ob und welche religiöse Funktion ein ausgegrabener Gegenstand gehabt haben könnte. Historiker gehen der Religion vergangener Fürstbischöfe, Bettelmönche oder Bauersleute nach. Kunstgeschichtler versuchen, hinter den Sinn religiöser Bildmotive zu kommen. Literaturwissenschaftler erforschen die Bedeutung von Religion für das Werk europäischer oder außereuropäischer Autoren. Soziologen untersuchen die Rolle von Religion in der Gesellschaft. Geographen interessieren sich für religiös bedingte Siedlungsformen. Völkerkundler haben seit je mit der Religion als einem wesentlichen Teil fremder Kulturen zu tun. Psychologen ergründen Trancen, Bekehrungen und Meditation. Mediziner behandeln pathologische Seiten von Religion. Juristen verfolgen kriminelle Religion, »Okkulttäter« etwa, die verhextes Vieh vom Bann zu lösen versprechen.

Wissenschaftler sind Menschen. Trotzdem sollen sie sich in ihrem Beruf nicht von Gefühlen wie »langweilig!« oder »schauerlich!« oder »faszinierend!« bestimmen lassen. Sie müssen sich der Sache zuwenden, selbst wenn Religion sie anöden sollte. Für Religionswissenschaftler wäre das keine gute Voraussetzung. Andere Wissenschaftler befassen sich dagegen nur ab und zu mit Religion. Sie tun es, wenn sie Religion in ihre fachlichen Probleme verstrickt finden. Ihre fachlichen Probleme sind indessen nicht identisch mit Problemen des Fachs Religionswissenschaft.

Die Sache Religion: Wie Religionswissenschaftler sie sehen

Die Sicht der Religionswissenschaftler von der Sache Religion unterscheidet sich von der Sicht zufälliger Betrachter und auch von der professionellen Sicht anderer Wissenschaftler. Es ist wie mit einer Landschaft. Ein Maler sieht sie mit anderen Augen als ein Landwirt oder ein Jäger oder ein Umweltschützer oder ein Spaziergänger. Und die Sache Religion? In drei Sätzen läßt sich umreißen, wie Religionswissenschaftler sie wahrnehmen:

1. Sie gewahren die Sache Religion als ein Ganzes.
2. Sie erkennen: Das Ganze hat vier Ansichten.
3. Sie beobachten: Solange das Ganze lebt, hört es nicht auf, sich zu wandeln.

Die Straße der Wissenschaft führt scheinbar unaufhaltsam zu immer neuen Abzweigungen. Seine Spezialität macht den Gelehrten. So ist es auch in der Religionswissenschaft. Am Ende erkennen manche den Wald nicht mehr vor lauter Bäumen. Dies ist ein altes Lied, das jeder singt, was freilich auch nichts ändert.

Religion als Ganzes wird zur Scheidemarke zwischen Religions- und jenen Wissenschaftlern, die mit der Religion gelegentlich zu tun bekommen. Diese anderen beziehen einen religiösen Aspekt auf das Ganze ihres Fachgebiets: auf die Gesetze etwa oder auf die Psyche oder auf die Kunst und so weiter. Demgegenüber beziehen

Religionswissenschaftler den religiösen Aspekt ihrer jeweiligen Spezialisierung auf die Religion als Ganzes.

Zumindest wäre es richtig, wenn sie das täten. Wissenschaftler anderer Fachgebiete haben mit dem Ganzen von Religion nichts zu schaffen. Würden also Religionswissenschaftler Religion als Ganzes übersehen, wäre sie den Augen aller entschwunden. Ein weiteres kommt hinzu. Fachmann ist der Religionswissenschaftler nur, solange er seine speziellen Untersuchungen auf die Religion als Ganzes bezieht. Bezöge er sie auf die Gesellschaft, würde er zum Amateur-Soziologen, bezöge er sie auf die Literatur, er wäre Amateur-Philologe, bezöge er sie auf die Politik, er wäre Amateur-Politologe und so fort. Nichts gegen Amateure. Was sie tun, macht Spaß und füllt die Freizeit, doch wird professionelle Arbeit in der Regel von Professionellen gemacht.

Im Unterschied zu Religionsbegriffen lebt die Sache Religion nicht bloß im Kopf der Forscher. Sie existiert draußen, und dort kommt sie ihnen vor die Augen. Die Sache Religion ist mithin konkret, oder anders gesagt, die Sache Religion ist immer eine Religion. Jede der abertausend Religionen, aus denen man eine wählen und studieren kann, zeigt sich als ein Ganzes mit vier Erscheinungsweisen: mit Religion in Form von Gemeinschaft, von Handlungen, von Lehren und von Erfahrungen.

Die Organisation der meisten Religionen ergibt ein klares Bild. Ihre Gemeinschaftsform markiert gleichsam die äußere Grenze, die alles übrige einschließt. Sie trennt die drinnen von denen draußen. Die Gläubigen werden in sie hineingeboren. Wer draußen zur Welt kam, muß, um hineinzugelangen, adoptiert werden. Dazu entschließen sich die allermeisten Religionsgemeinschaften nur zögernd und nur bei einzelnen. Demgegenüber charakterisiert andere Religionen die Konversion möglichst vieler Fremder als ein wesentliches Merkmal.

Religionen schließen Menschen zu einer Gemeinschaft zusammen. Sterben die Menschen aus oder wandern sie aus in andere Gemeinschaften, dann hört ihre alte Religion zu leben auf. Streiten sie mit religiösen Autoritäten oder untereinander, dann spaltet sich ihre Religionsgemeinschaft in zwei oder mehr Teile, die sich mit der Zeit noch weiter aufsplittern können.

In vielen Religionen bilden Menschen besondere Gemeinschaften innerhalb ihrer großen Gemeinschaft. Damit machen sie »normale« Gläubige zu jenen, die draußen bleiben. Drinnen sind sie Mystiker, Asketen, außergewöhnlich Fromme. An ihre außerordentlichen Ziele hoffen sie in einer engen Gemeinschaft sicherer zu gelangen als draußen unter den vielen.

Wenn Religionsforscher die Schwelle einer religiösen Gemeinschaft überschritten haben, stehen sie vor der zweiten Gestalt des Ganzen, vor religiösen Handlungen. Es gibt Religionen, in denen das Handeln weit wichtiger zu sein scheint als die Lehre. Es gibt andere, in denen Lehren die Handlungen bis auf einen Rest verdrängt haben. Selbst wenn es nur noch rituelle Bruchstücke sein sollten, ganz ohne religiöses Handeln kann keine Religion leben, sie würde sonst zu einer Gemeinschaft von Theoretikern, zu einer Akademie, zu einer philosophischen Gesellschaft.

Begreifen lernen Religionsforscher religiöses Handeln in Form von Riten und Sitten erst, nachdem sie die dritte Erscheinung einer Religion studiert haben, deren Lehre. Rituelles Handeln schließt symbolische Gesten und Worte ein, die aus der symbolischen Sprache von Mythen begreifbar werden. Nach der Bedeutung von Sittenregeln muß man gleichfalls in religiösen Lehren suchen.

Eine besondere Art religiöser Lehre entstand dort, wo Götter sich einstmals mit Worten offenbart haben. Worte sind selten eindeutig. Folglich suchten die Gläubigen den Sinn hinter den Worten. Aus ihren Bemühungen wuchsen Kommentare, die nach einiger Zeit ihrerseits kommentiert werden mußten und so fort. Mythen und Symbole scheinen sich für die Übermittlung religiöser Botschaften besonders zu eignen, sie gelten als religiöse Sprache schlechthin. Auch wenn man »Sprache« sagt, Mythen reden in Bildern. Geschautes wird durch Intuition, nicht durch Philologie entschlüsselt. Dagegen bestimmt philologische Gelehrsamkeit, der Intellekt, die Überlieferung von Offenbarungen, die kommentiert werden müssen.

Gemeinschaft, Handeln, Lehre, das alles bekommen Religionsforscher zu sehen und zu hören. Es sei denn, sie wären hinter einer Geheimgesellschaft her oder hinter nicht öffentlichen Riten oder hinter Lehren, die Priestern vorbehalten sind. In diesem Fall bleiben ihnen zwei Möglichkeiten. Sie könnten sich einweihen lassen und selber Priester werden. Oder sie könnten Renegaten suchen, ehemalige Priester oder Mitglieder der Geheimgesellschaft. Doch Abtrünnige fürchten sich noch lange, Geheimnisse auszuplaudern, selbst wenn sie die verlassene Religion nicht gerade mit Begeisterung schildern. Zum Glück gibt es mehr als genug Religionen, bei denen der Religionswissenschaftler »nur« das Vertrauen der Gläubigen nötig hat, um unbehindert forschen zu können.

Eine Schwierigkeit hindert Religionsforscher überall. Es ist die vierte Erscheinung vom Ganzen, die religiöse Erfahrung. Sie macht Religionen lebendig. Sie gleicht dem Herzschlag, der Blut durch die Adern überlieferter Lehren und Riten pumpt. Je mehr Gläubige die Wahrheit ihres Glaubens erfahren, desto kräftiger lebt ihre Religion, je weniger es können, desto anfälliger wird ihr Glaube.

Jeder kennt seine eigenen Erfahrungen. Andere können nicht wissen, was wir fühlen. Sollen sie es wissen, müssen wir es ihnen sagen, und das ist nicht immer einfach. Innerliches, wird es veräußerlicht, verliert an Leben. Worte können es umbringen. Wer berichtet, kennt sein Innenleben oft nicht gut genug, um ein Gefühl exakt auszudrücken, und nicht jeder Zuhörer ist geübt im Verstehen. Nur wer Ähnliches erfuhr, begreift ohne viel Worte.

Religionswissenschaftler, auch wenn sie nichts Ähnliches erfahren haben, werfen die Flinte nicht gleich ins Korn. In der Kunst, in Riten, in Mythen und anderswo fanden religiöse Erfahrungen mannigfachen Ausdruck. Was irgend sichtbar wird, vielleicht gibt es einen Blick auf das Unsichtbare frei, auf eine religiöse Erfahrung. Die vierte Seite des Ganzen einer Religion gilt als ihr Herzstück, dessen Eigenart in den anderen drei Seiten auch noch sichtbar werden kann.

Die Sache Religion, manche halten sie für ein Etwas, das so oder so ist. Auch Religion als »ein Ganzes mit vier Ansichten« verführt leicht zu einem falschen Bild. Dann steht sie da, die Religion, kompakt und fest, hoch, breit und tief: ein Ding, ein Seiendes, das bleibt, was es ist und wie es ist. Darum sprechen wir ohne zu stokken vom »Buddhismus«, vom »Hinduismus«, vom »Taoismus«, vom »Shintoismus« und so fort. Es kommt der Bequemlichkeit des Menschen entgegen, wenn er einen religiösen »Ismus« für immer so sehen kann, wie er sein soll. Zudem imitiert das auch noch die Naturwissenschaft, deren Maßzahlen sich immer und überall gleichbleiben. Und doch ähnelt diese Sicht von der Religion einer Fata Morgana.

Wie für alles auf der Welt, gilt auch für die Sache Religion: Was sich nicht mehr bewegt, ist tot. Diese Tatsache belegt die Religionsgeschichte vieltausendmal. Der »Ismus« einer toten Religion bleibt, in Büchern bestattet, bis zum Ende der Welt oder der Bibliotheken unverändert. Dagegen gleichen Bücher über lebende Religionen Schnappschüssen. Sie zeigen das Abbild einer Religion im Kindes- oder Erwachsenen- oder im Greisenalter, je nachdem. Sie zeigen die Religion in Positur gesetzt von diesem oder jenem Autor. Es sind Momentaufnahmen, auch wenn Momente im Leben von Religionen eine historische Epoche und länger dauern können.

Lebende Religionen wandeln sich ohne Unterlaß. Manchmal bleibt ein Wandel lange verborgen, bis er ans Licht tritt. Lebende Religionen, sie bestehen aus geerbter Tradition hier und den Gläubigen dort, aus theologischen Vätern und Theologen von heute, aus Antworten von damals und aus Fragen einer neuen Zeit. Zwischen diesen Polen drängt es zum Ausgleich, was gelegentlich mit heftigen Entladungen und Donnergrollen einhergeht. Der Ausgleich zwischen Vergangenem und Gegenwärtigem ist notwendig, er hält Religionen am Leben, und Wandel führt ihn herbei.

Dem Wandel, weil er die Lebenskraft der Religionen ausmacht, gebührt das Augenmerk auch von Religionswissenschaftlern. Als die Religionsgeschichte noch in der Wiege lag, lernten Religionshistoriker zuallererst die einzelnen »Ismen« kennen. Aus dem frühen Vorbild entwickelte sich bei manchen Zeitgenossen eine Vorliebe für das vermeintlich Unwandelbare, für das Orthodoxe, das zumeist auch noch das Argument der großen Zahl auf seiner Seite hat. Erforscher des Orthodoxen halten wenig von Unorthodoxem, wenig von Randgruppen, die manche »Sekten« nennen, wenig von religiöser Avantgarde, wenig auch von sogenanntem Volksglauben. Was in der Völkerkunde längst zu einem bedeutenden Feld der Forschung wurde, einige Religionswissenschaftler sehen es noch immer über die Schulter an. Es sind die sogenannten Neuen Religionen und Religiösen Bewegungen. Sie kennenzulernen, wird zum Griff ins volle religiöse Leben.

II. Wissen schaffen – wie?

Wissenschaftler aller Fachrichtungen arbeiten an Problemen, die sie lösen wollen. Ihre Aufgabe ist es, nach einem Weg zu suchen, auf dem sich ihr Ziel erreichen läßt. Wege geht man Schritt für Schritt, den zweiten möglichst nicht vor dem ersten. Manchmal ist eine Aufgabe so neu, daß Wissenschaftler erst nach geraumer Zeit die richtige Reihenfolge der Schritte entdecken. In der Regel aber besitzt jedes Fachgebiet erprobte Methoden, die gelegentlich auch abgewandelt werden können, wenn es darum geht, ein besonders sperriges Problem durch die Kurven zu bringen. Auch Religionswissenschaftler kennen Wege, auf denen sie öfters schon ein Ziel erreichten. Einer dieser Wege hat sieben Schritte.

Erster Schritt: Probleme erkennen

Probleme werden gelöst, Fragen beantwortet, Aufgaben erfüllt. Bevor etwas gelöst, beantwortet, erfüllt werden kann, muß es erst einmal da sein. Nicht alles, was einem neu oder interessant vorkommt, ist auch wissenschaftlich ein Problem. Ob es eines sein könnte, muß man ausloten. Zum Beispiel, indem man folgendes nachprüft: Ist das eine Frage? – Ist die Frage religionswissenschaftlich relevant? – Ist sie religionswissenschaftlich beantwortbar?

Ist das eine Frage? – Manches ist keine Frage. Zum Beispiel die Existenz des Gottes X. Sie läßt sich wissenschaftlich, das heißt von jedermann nachprüfbar, nicht beweisen. Ein solcher Beweis, könnte man ihn tatsächlich erbringen, er wäre lediglich unser Problem, ein Problem europäischer Wissenschaftler. Für alle, die an den Gott X glauben, steht seine Existenz außer Frage. Hier muß ein Religionswissenschaftler entscheiden, was er als seine Aufgabe ansehen will. Soll er den Glauben der Gläubigen als Faktum und die Inhalte dieses Glaubens zum Problem nehmen? Oder soll er ein »objektives« Maß, etwa eines aus Physik oder Chemie, an den Glauben legen, um zu beweisen, daß es den Gott X »objektiv« gar nicht geben kann?

Ist die Frage religionswissenschaftlich relevant? – Was für dieses oder jenes Fachgebiet als wichtig gilt, muß nicht auch für die Religionswissenschaft wichtig sein. Nehmen wir die Literaturwissenschaft zum Beispiel. Viele Werke der europäischen wie der außereuropäischen Literatur enthalten religiöse Stoffe. Mitunter eröffnen uns Autoren Einblicke in die Sache Religion, die wir anderswo selten und nur mit großer Mühe entdecken. Viele außereuropäische Literaten schreiben in erster Linie für ihre Landsleute. Sie schreiben über deren Leben, und das schließt immer wieder Religiöses ein. Andere schreiben auch für uns Weiße, sie möchten uns die Eigenart ihrer Landsleute nahebringen, was wiederum mit deren Glauben zu tun hat. Auch europäische Literaten haben sich über Religion, über die unsere, Gedanken gemacht.

Fragen an ein literarisches Werk, wenn sie religionswissenschaftlich von Belang sein sollen, richten sich auf die Sache Religion, auf religiöse Handlungen, Gedanken, Gefühle und darauf, inwieweit die Dichtung der Wahrheit entspricht. Religionswissenschaftlich unerheblich bleiben andere Fragen, die indessen für die Literaturwissenschaft unverzichtbar sein dürften: Wie ein Autor zum Nachdenken über Religion angeregt wurde, in welchen Ausgaben seiner Werke sich die Entwicklung seiner religiösen Gedanken nachweisen läßt, Stilfragen und anderes mehr.

Ein Wegweiser zeigt an, in welcher Richtung religionswissenschaftlich Bedeutsames zu finden wäre. Wer sich nach ihm richtet, geht nicht in die Irre:

– Unbedingt relevant ist die Sache Religion: alles, was davon in den Herzen und Köpfen von Gläubigen, und alles, was davon außerhalb ihrer wie unserer Köpfe zu finden ist.

– Bedingt relevant ist die Sache Religionswissenschaft: alles, was Religionswissenschaftler von der Sache Religion in ihren Kopf und von dort in ein Buch gelangen ließen. Weit weniger wichtig bleibt, was in ihrem Kopf entstanden ist und, ohne mit der Sache Religion in Berührung gekommen zu sein, an die Öffentlichkeit gelangte.

– Nicht relevant, religionswissenschaftlich belanglos, bleibt alles übrige.

Ist die Frage religionswissenschaftlich beantwortbar? – Viele Fragen sind es nicht, unzählbar viele. Da sind solche, für die man kompetente Antworten nur von Wissenschaftlern anderer Fachgebiete erwarten darf, von Psychologen beispielsweise oder von Architekten oder von Sprachwissenschaftlern. Da sind andere Fragen, die von keiner Wissenschaft sicher beantwortet werden können. Etwa die nach der Urreligion, zu der kein Weg, keine Methode gehbar zurückführt. Wie sie war, das kann niemand wissen. Ob es sie jemals gegeben hat? Und wenn ja, ob es nur eine gab oder vielleicht zwei oder zwölf oder mehr? Was man nicht wissen kann, man könnte es sich immerhin denken. Die Phantasie ist auf keine Methode angewiesen, Schritt für Schritt muß sie nicht vorankommen, sie hat Flügel. Was sie uns ausmalt, liest sich oft spannend, nur Wissenschaft ist es nicht.

In einem Punkt unterscheidet sich Religionswissenschaft von anderen Wissenschaften. Wie alles, das man studieren kann, hat auch die Sache Religion sichtbare Dimensionen. Im Unterschied zu den Sachen anderer Wissenschaftszweige hat Religion aber noch eine unsichtbare Dimension, die man das »Jenseitige«, das »Geistige«, das »Göttliche« oder sonstwie nennt. Wissenschaftler anderer Fachgebiete ignorieren diese Dimension, ohne damit ihre Ergebnisse zu verfälschen. Religionswissenschaftler, verleugneten sie das Jenseitige, sie würden die Gläubigen nicht ernst nehmen und sich besserwisserisch über sie erheben.

In einem anderen Punkt unterscheidet sich Religionswissenschaft von Theologie. Gläubige der allermeisten Religionen sagen, ihr Glaube sei wahr für sie. Nachbarn glauben anders, aber nicht falsch, denn deren Glaube enthält ihre Wahrheit. Der Unterschied von »wahr für uns« und »wahr für andere« schafft kaum Probleme. Erst wenn eine Religion X lehrt, sie allein hätte den wahren Glauben, stempelt sie damit den Glauben aller übrigen Religionen zum »Irrglauben«. Ob eine Religion Wahrheit lehrt oder Lüge, das ist eine Glaubensfrage, auf die allein Glaube eine Antwort finden kann. Religionswissenschaftler erkennen kompetent, ob der Glaube dieser oder jener Religion richtig oder falsch verstanden wird. Ob er wahr ist oder falsch, das bekennen sie nicht.

Zweiter Schritt: Ein Problem wählen

Beim ersten Schritt ging es um Fragen, beim zweiten geht es um jene, die Fragen beantworten. Sie können beim besten Willen nicht auf jede Frage, die sie als religionswissenschaftlich bedeutsam erkannt haben, eine Antwort suchen. Sie müssen wählen. Eine

Aufgabe auswählen heißt, sich gegen die übrigen entscheiden. Das kann Folgen haben, die man im nachhinein bereut. Mithin ist Vorsicht geboten. Einige nähern sich gefährlichen Stellen ängstlich, andere umsichtig. Vorausschau schafft Sicherheit. Besonnen wählen wird, wer sich über Grundsätzliches klar wurde: Was interessiert mich wirklich? – Warum drängt es mich, gerade diese Frage klären zu wollen? – Wie werde ich das Problem lösen können?

Was interessiert mich wirklich? – Jedes Feuer, auch wenn es noch so heiß brennt, wird einmal kalte Asche sein, es fragt sich nur wann. Unsere Neugier auf die Lösung eines religionswissenschaftlichen Problems müßte heftiger in uns bohren als unser alltägliches Interesse für dieses oder jenes, weil sie über Wochen oder Monate oder noch länger vorhalten soll. Religionswissenschaftliche Fragen erregen Neugier. Brennen soll die Neugier dort, wo die Frage sie entzündet hat, im Religionswissenschaftler. Anders gesagt: es gibt keine Rangliste von Problemen, keine Instanz, die religionswissenschaftlichen Aufgaben zwei, drei oder vier Sterne verleihen könnte. Jeder muß für sich herausschmecken, welche von allen ihm am besten munden dürfte. Manchen kommt der Appetit freilich erst beim Essen. Doch auch sie, die es lieber haben, wenn ein anderer eine Aufgabe für sie auswählt, zustimmen müssen sie auch. So oder so, wer sich für ein Problem entscheidet, übernimmt die Verantwortung, sein Bestes zu tun, um die Lösung zu finden.

Warum interessiert mich diese Frage? – Ich mache mir klar, was mich zu ihr hinzieht. Motive geraten mal schwach, mal stark. Starke treiben kräftig an, schwache bringen so gut wie nichts von der Stelle. Wenn ihre Lösung nicht vorankommt, werden Probleme noch lange Probleme bleiben.

Motive haben unterschiedliche Quellen und Ziele. Es kann geschehen, daß wir von Interesse getrieben werden allein am Tun, am Lösen des Problems, am Ausprobieren und Experimentieren, am Puzzle, an der Faszination der Aufgabe, die vor uns liegt. Andere Umstände indes fördern andere Beweggründe: wenn man ein Examen bestehen muß, wenn jemand das Examen als bester bestehen will, wenn sich jemand gewissen Leuten empfehlen oder andere in den Schatten stellen möchte und so fort. Frei und durch nichts beengt geht es nur so lange zu, als wir uns selbst, unsere Hoffnungen und unsere Ängste, vergessen können. So sieht der positive Endpunkt unserer Möglichkeiten aus. Der negative liegt dort, wo die Aufgabe mit einem Balzplatz verwechselt wird, auf dem man nach Nebenbuhlern hackt und vor dem Publikum die Federn spreizt.

Wie werde ich das Problem lösen können? – Es wäre unüberlegt, die Lösung einer Frage zu übernehmen, wenn sich dazu keine Gelegenheit finden ließe. Folglich sollte jeder überschlagen, woher die Zeit dafür kommen könnte, ob die örtlichen Bibliotheken ausreichen werden, ob Fernleihen möglich sind, ob Reisen zu Archiven nötig werden dürften oder gar in die Heimat jener Gläubigen, über deren Religion wir etwas herausfinden wollen.

Dritter Schritt: Material sammeln

»Material« heißt das, womit man seine Problemlösung füttern muß. Eine gut genährte Forschungsaufgabe reift sicher zur Lösung heran, eine unterernährte wird dünn und schwächlich, eine überfütterte verstopft. Wie im richtigen Leben, so auch beim Material der Religionswissenschaftler: Es gibt frische Kost und es gibt sie eingekocht und angereichert mit synthetischen Zutaten. Für jedes Problem sollte man das passende Material aussuchen und es richtig dosieren. Zwar wird das meiste wieder ausgeschieden, doch erst, nachdem alles verdaut ist.

An welcher Stelle steht das Material? – Gemeint ist, an welcher Stelle in einer Untersuchung. Dort könnte es ganz vorn, an erster Stelle, oder weiter hinten rangieren. Was an erster Stelle steht, wird zur Hauptsache. Vielleicht ist es ein Schriftstück oder ein Kultgegenstand oder ein Gottesbild, das sich jemand zur Hauptsache, also zur religionswissenschaftlich relevanten Frage ausgewählt hat. Gelöst ist das Problem, sobald der Inhalt des Schriftstücks erklärt, die Funktion des Gegenstands im Kult deutlich, die Position des Gottesbildes im Glaubenssystem erkannt wurde.

Sekundär gebrauchtes Material hilft Probleme lösen. Es ist wichtig, manchesmal sogar unentbehrlich, aber die Hauptsache ist es nicht.

Woher stammt das Material? – Gemeint ist sein Ursprung, von dem es auf direktem Wege oder über Zwischenträger zu uns gelangt. Woraus wir Material schöpfen, das ist unsere Quelle. Man sollte wissen, aus welcher Art Quelle man schöpft. Ist sie klar?

Oder ist es eine Quelle, deren Wasser erst durch verschiedene Filter tröpfeln muß, um genießbar zu werden?

Ursprung religionswissenschaftlicher Quellen sind Menschen. Was wir »Religion« nennen ist etwas, das Menschen glauben und tun. Vermenschlicht lautet unsere Frage: Von wem stammt das Material? Es gibt mindestens drei Ursprungstypen. Ich nenne sie »Täter«, »Zeuge« und »Richter«.

»Täter« sind Gläubige. Über ihre Religion wissen sie unterschiedlich gut Bescheid. Ein zehnjähriges Kind weiß weniger als dreißigjährige Erwachsene, ein Priester weiß mehr, ein Oberpriester noch mehr. Ihr Interesse an »Religion« beschränkt sich zumeist auf die ihre. Die wollen sie ausüben. Sie wollen Theorien über ihren Glauben weder von sich geben noch anhören. Sie brauchen sich nicht zu rechtfertigen, weder vor sich selbst noch vor anderen. Auf fremde Religionen sind sie kaum neugierig. Und sie beurteilen fremden Glauben nur, wenn ihr eigener Glaube das von ihnen fordert. Missionierende Religionen zeigen keine Scheu, ihren Glauben darzustellen, sei es werbend, sei es zur Verteidigung. Die übrigen Religionen fühlen sich nicht gedrängt, der Welt mitzuteilen, was sie lehren, was sie glauben und tun. Viele sind sogar gehalten, über religiöse Themen nur in religiöser Umgebung und aus religiösem Anlaß zu reden, wozu weder Bücher noch Vorträge zählen.

»Zeugen« sind Neugierige. Sie spüren keine Furcht, über alles zu berichten, was sie kennen. In der Regel teilen sie den Glauben nicht, den sie beobachten. Sie betrachten ihn von außen. Doch spürt gespitzte Neugier manches auf, das von Gläubigen gar nicht bemerkt wird. Das Besondere, das sie uns entdecken, würzen Zeugen oft mit Allgemeinem. Wenige bringen es über sich, ihren Lesern zum Gesehenen nicht auch noch eine Theorie mitzuliefern. Und ihre Urteile. Doch wenn sie nicht gerade Religionswissenschaftler waren, erweisen sich ihre theoretischen Deutungen oft als religionswissenschaftlich ohne Gewicht und ihre Urteile als Vorurteile.

»Richter» beurteilen einen Glauben, den sie nicht teilen. Auch neugierig sind sie nicht auf ihn, denn sie sind schnell fertig mit ihrem Richterspruch. Und sie werten voreingenommen. Ihre Urteile finden wir ausgesprochen oder zwischen den Zeilen. Sie lauten: »Ungläubige» – »Leichtgläubige« – »Heiden« – »Verführte« – »Verführer« und so fort. Es gibt Zeugen, die wichtige Fakten mitteilen und nur im letzten oder im ersten Kapitel als Richter auftreten. Sie oder ihre Verleger hoffen, damit ein Buch über eine fremde Religion leichter an den Mann zu bringen. Es gibt andere, die von der ersten bis zur letzten Seite werten. Fakten beachten sie nur, sofern sie zu ihren »Beweisen« passen.

»Material« hat unterschiedlichen Wert in unterschiedlichen Fachgebieten. Einigen bedeutet »Material« die geringste Sorge. Es wird ihnen geliefert. Literaturwissenschaftler zum Beispiel oder Mediziner beginnen erst zu arbeiten, wenn sie ihr »Material« vor sich haben. Andere Wissenschaftler müssen selber suchen, woran sie arbeiten können. Allen Historikern geht es so, Religionshistoriker eingeschlossen. Ab und an hört die Öffentlichkeit von der Entdeckung bislang unbekannter historischer Dokumente. Solch ein Fund wird mit ähnlichem Sensationswert gehandelt wie die Entdeckung eines neuen Impfstoffes. Neue Fakten könnten geltende Geschichtsschreibung umstoßen.

Vierter Schritt: Ein Bindemittel finden

Wer ein Bündel hat, sieht sich nach einer Schnur um. Wer einen Haufen religionswissenschaftlicher Fakten sammelt, braucht bald etwas, womit er sie zusammenfassen kann. »Schnüre« für ihre Stoffe haben Religionswissenschaftler unmittelbar aus dem Material gezogen oder sie haben von anderen Religionswissenschaftlern übernommen oder sie haben bei Wissenschaftlern anderer Fachgebiete ausgeliehen.

Ordnungsprinzipien liegen verborgen im Material. Bekommt man eines zu fassen, dann zieht man ein »Bindemittel« wie einen Faden aus einem Wollknäuel. Zum Beispiel bei einer Kartei voll Material über eine religiöse Lehre. Man könnte sie als Sache und als Geschehen betrachten. Nimmt man sie als Sache, könnte man an dem Faden »Was ist das?« ziehen, und schon erscheinen die verschiedenen Seiten der Lehre mitsamt ihren verschiedenen Auslegungen verschiedener Theologenschulen, von wo aus man den Faden zurückspulen könnte durch die Dogmengeschichte bis zu ihrem Ursprung und zu den widerstreitenden Meinungen von Gelehrten über all das. Nimmt man sie als Vorgang, könnte man an dem Faden »Was geschieht da?« ziehen und entdecken, welche Probleme diese Lehre im Laufe ihres Daseins gelöst und welche sie geschaffen hat, wie sie den Weg der Gläubigen ebnet oder steinig macht, ob sie noch im religiösen Leben steht oder zur verehrten Mumie wurde und so weiter und so fort.

Den langen Faden im Knäuel entdecken, das braucht Übung oder Glück. Wo beides fehlt, dort helfen andere Religionswissenschaftler, in deren Arbeiten sich »Bindemittel« für mancherlei Material finden lassen. Maler kopieren mitunter Werke anderer Maler. Das fördert die eigene Technik. Bei Religionswissenschaftlern muß es nicht anders sein. Auf diese Weise lernen Anfänger. Manche bleiben dabei und wählen sich einen Religionswissenschaftler zum Vorbild. So bilden sich Schulen, wachsen Traditionen. Zwingend notwendig würden gleiche »Bindemittel« dort, wo verschiedene Religionswissenschaftler gemeinsam an der Lösung eines Problems arbeiteten. Zum Beispiel an der Frage, was Menschen überall auf dem Globus von einer Sache X glauben. Um darauf zu antworten, müßte man herausfinden, was die Religionen der Erde über die Sache X lehren. Kein Religionswissenschaftler lebt lange genug, um die Antwort allein zu finden. Nur wenn viele daran arbeiten, könnte es gelingen. Dann forschte der eine in der Religion A nach der Sache X, ein anderer forschte nach ihr in der Religion B und so fort. Religionen sind nicht wie Abziehbilder. So verschieden sie sind, so verschieden wäre auch das Material, welches die verschiedenen Forscher sammeln. Würde nicht wenigstens ein Aspekt, dasselbe »Bindemittel«, ein gemeinsamer Blickwinkel, gemeinsame Ordnungsprinzipien von allen verwendet, dürfte es schwierig werden, die verschiedenen Befunde zu vergleichen und aus ihnen eine gemeinsame Antwort auf die Frage nach der Sache X abzulesen.

Neues aus anderen Fachgebieten hat des öfteren auch Religionswissenschaftler angeregt. Manchesmal übernehmen sie Kategorien einer fremden Disziplin und ordnen mit deren Hilfe religionswissenschaftliches Material. Was dabei herauskommt, klingt ungewohnt und neu, gelegentlich sensationell. Dennoch ist Vorsicht geboten. Fremde »Bindemittel« wurden aus fremdem Material gewonnen, das mit der Sache Religion nichts oder wenig gemeinsam hat. Deshalb sollte man Fremdes nicht im Überschwang, sondern behutsam verwenden. Mißlich wäre ein Leihmittel, das sich unter der Hand zur Hauptsache wandelte. Eine Untersuchung, in der die Sache Religion nur zum Beweis einer fremden Hauptsache diente, wäre keine religionswissenschaftliche Untersuchung mehr.

Fünfter Schritt: Die Lösung entdecken

Mit einer Frage fängt man an. Dann sucht man nach Material zu dieser Frage. Oft genug verändert das Material die Anfangsfrage, weil die Fakten, die man entdeckt, anders sind, als man sie sich zu Beginn gedacht hat. Schon beim Sammeln kann sich eine sinnvolle Anordnung des Materials enthüllen. Dann hilft die Gliederung mit, eine endgültige Lösung ans Licht zu bringen. Mit dem fünften Schritt braucht man also nicht bis nach dem vierten zu warten. Man kann ihn tun, wann immer er kommt. Doch kommen muß er unbedingt.

Der richtigen Antwort geht die richtige Frage voraus. Die Lösung eines religionswissenschaftlichen Problems erscheint als die letzte von vielen Antworten auf viele Fragen, von denen nur die richtigen weiterführten. Und welche Fragen führen weiter? Vielleicht kann man Routinefragen stellen, die geradewegs aufs Ziel zusteuern. Oder man muß sich ans Ziel herantasten und suchen, wie ein Verirrter nach einem Ausweg forscht. Oder man wartet auf eine Erleuchtung.

Routinefragen entnimmt man einem Muster. In vielen Fachgebieten spielen sie eine wichtige Rolle. Mediziner lernen die Symptome von Krankheiten, die sie am Patienten eine nach der anderen abfragen. Textkritiker untersuchen ein Schriftstück Punkt für Punkt. In der Religionswissenschaft gibt es (noch) keinen Fragenkatalog, den jeder nutzen könnte. Dennoch, ein paar Fragen kehren regelmäßig wieder, zum Beispiel im Zusammenhang mit sogenannten Stammesreligionen oder mit sogenannten Jugendreligionen.

Tastende Fragen erkunden wie Sonden, was geht und was nicht. Aus Büchern über Religionen könnte man erschließen, welche Fragen anderen Forschern gezeigt haben, was geht. Bei kombinierenden Fragen hilft Erfahrung. Je öfter man schon daneben gefragt hat, desto sicherer lernt man treffend fragen. Aus den eigenen und aus Fehlern anderer lernen braucht freilich Zeit. Man lernt auch aus Erfolgen, vor allem aus denen von anderen, denn eigene Erfolge lehren eher vorschnell antworten als umsichtig fragen.

Wälzen wir ein Problem lange genug hin und her, dann kann es geschehen, daß uns jäh ein Licht aufgeht. Urplötzlich trifft uns die Erleuchtung wie ein Schlag. Mit einemmal sehen wir, was bisher unsichtbar war. »Bin ich der erste, dem diese Einsicht kommt?« Das wäre so wichtig nicht. Wichtig ist die Erfahrung an sich. Denn wenn uns einmal ein solcher Einfall gekommen ist, werden weitere folgen. Und wenn mir diesmal etwas als letztem einleuchtete, kann mir ein andermal als erstem etwas aufgehen. Wie Schuppen fällt es von den Augen: So muß ich verworrene Teile ordnen! So muß ich neue Fakten mit alten kombinieren! Nicht selten gebären Einfälle originelle Lösungen.

Sechster Schritt: Die Lösung prüfen

Die Lösung des Problems war Ziel, sie ist noch nicht das Ende der Aufgabe. Soll das Werk den Meister loben, muß es sorgsam überprüft werden, bevor es die Werkstatt verläßt. Naturwissenschaftler testen ihre Produkte auf jede erdenkliche Weise. Wissenschaftler, wenn sie Geschriebenes produzieren, müssen mit der Erprobung fertig sein, bevor ihr Manuskript zur Druckerei geht. Ihr Werk überprüfen sie von innen: Wird es vor den kritischen Augen der Fachgenossen bestehen? Sie überprüfen es von außen: Sind noch Fehler zu entdecken, die behoben werden könnten? So gehen alle Autoren vor, über welches Thema auch immer sie geschrieben haben. Für Religionswissenschaftler gibt es indessen noch eine spezielle Kontrolle. Beschreiben oder erwähnen sie auch nur eine bestimmte Religion, dann sollten sie sich vergewissern, ob Gläubige ihren Glauben in dem wissenschaftlichen Text wiedererkennen würden. Könnten sie es nicht, dann wäre mangelhaft oder ungenügend, was auf dem Papier steht, und klänge es auch noch so überzeugend.

Von außen überprüft man vor allem Belege. Weil sie der Argumentation als Fundament dienen, sind sie besonders wichtig. In den allermeisten Texten von Religionswissenschaftlern bestehen Belege aus Zitaten, das heißt aus Wörtern, Begriffen, Sätzen. Geprüft werden muß ihre Korrektheit. Stimmt der Wortlaut? Stimmt die Quellenangabe? Vor allem aber: Stimmt der Kontext? Wird ein Satz aus seinem Zusammenhang gelöst, er könnte die ursprüngliche Aussage auf den Kopf stellen.

Von innen geprüft werden Sachverhalte. Sie sind komplex, ein paar Zitate dürften schwerlich ausreichen für einen Sachverhalt. Ein Stück von der Sache Religion, besonders wenn es sich um ein fremdes Stück handelt, müßte interpretiert, müßte übersetzt werden in vertraute Ausdrücke. Anders werden europäische Leser nicht begreifen können, was und wie außereuropäische Gläubige glauben. Wie bei Sprachen gibt es auch hier Mißverständnisse, Unübersetzbares, nur Umschreibbares, weil die Sprache A Wörter gebraucht, die der Sprache B fehlen, weil beide Sprachen mehr ausdrücken als nur Lexikalisches, einen spezifischen Geist, eine eigene Weltsicht und Lebensart. Religionen werden gut »übertragen«, wenn die »Übersetzer« das Einzelne vor dem Hintergrund der fremden Religion als Ganzer sichtbar machen.

Zur Überprüfung von innen zählt auch der wissenschaftliche Anteil eines Textes, die theoretischen Schritte und Vernunftschlüsse. Die Logik der Religion und die Logik der Wissenschaft funktionieren innerhalb ihrer Grenzen. Es hat wenig Sinn, beide Systeme zu mischen. Was dabei herauskommen würde, ist längst bekannt, und es nimmt einem den Mut. Beide, die Religion und die Wissenschaft, fordern in einer religionswissenschaftlichen Untersuchung ihr Recht. Religionswissenschaftler sollten eine Religion korrekt darstellen, also gemäß ihrer Intention. Und sie sollten sich an die Regeln der Wissenschaft halten, die zum Exempel einschärft, Urteile nicht mit Schlußfolgerungen zu verwechseln. »Aberglaube« wäre beispielsweise ein Urteil und kein Schluß aus religionswissenschaftlichen Fakten. Wissenschaft mahnt auch, keine Sache mit einem Namen für eine Sache zu vergleichen, etwa die europäische Vorstellung von Gott mit dem Wort »Gott«, das eine außereuropäische Vorstellung übersetzt, für die es im Deutschen kein passendes Wort gibt. Wissenschaft verlangt ferner, Abstraktionen müßten sich auf niedere Ebenen zurückführen lassen. Wer demnach über Buddhisten schreibt und »Pessimismus« als eine Deutung wählt, sollte nachweisen, wo auf der konkreten Ebene buddhistischer Vorstellungen er Entsprechungen zu finden glaubt. Wissenschaft fordert weiterhin, nur Vergleichbares zu vergleichen und keinesfalls das hehre Ideal der Religion A mit Entgleisungen aus der Religion B.

Viele Wissenschaftler, namentlich deutsche, werden beim letzten Schritt allzu leicht fertig. Der Inhalt, so argumentieren sie, sei schließlich wichtiger als die Verpackung. Bei Heringen gewiß, und wenn man wissenschaftliche Erkenntnisse in Sprache wickelte wie Heringe in alte Zeitungen, dann stimmte das Argument sogar. Indessen, religionswissenschaftliche Inhalte lassen sich aus ihrer Darstellung nicht herauswickeln wie Heringe aus Zeitungspapier. Ist die Verpackung ungenießbar, dann wandert der religionswissenschaftliche Inhalt mit auf den Müll. Das eine läßt sich vom anderen nicht trennen, es sei denn, der Leser machte die Arbeit noch einmal und vergliche Satz für Satz mit dem Rohmaterial des Textes. Daraus folgt: unter die Verantwortung der Religionswissenschaftler fällt auch die notwendige Sorgfalt beim Formulieren ihrer Befunde.

Respekt vor der Sache macht Autoren fleißig. Lässige stellen ihre Sache dar, wie Sammler Bierdeckel stapeln. Sie hängen Faktum an Faktum, Zitat an Zitat und überlassen es dem Leser, sich einen Reim darauf zu machen. Doch wenn eine Sache wert ist, zum Thema zu werden, sollte sie auch der Gestaltung wert sein. Gewiß, es macht mehr Mühe, sich eine Sache zu erarbeiten als sie sich nur anzulernen. Doch sind Autoren ihrer Sache Arbeit schuldig und ihren Lesern auch.

Respekt vor Lesern fordert vom Autor Klarheit. Kein Religionswissenschaftler wird immer nur für eine Handvoll Fachgenossen schreiben können. Die Achtung vor dem normalen Leser gebietet, sich so auszudrücken, daß es alle verstehen. Es gibt Wissenschaftler, denen gelang, was nicht jedem gelingt. Sie haben eine schwierige Frage lösen können und reden dieselbe Sprache wie alle anderen. Arthur Schopenhauer, einer der seltenen Vorbilder für sprachliche Klarheit unter deutschen Gelehrten, mahnt uns seit zwei Jahrhunderten: »Mit gewöhnlichen Worten ungewöhnliche Dinge sagen!« Manche versuchen es nach wie vor lieber umgekehrt.

Rücksicht auf die Leser wird mal von Stolz, mal von Schlampigkeit behindert. Ihr Hochgefühl läßt manche Kenner allzu leicht vergessen, daß sich die Leser, im Unterschied zum Autor, nicht seit Monaten ausschließlich mit dessen Sache befaßt haben, daß sie nicht jeden Forschernamen kennen, jedes Fachwort, den allerletzten Stand der Forschung. Selbstbewußte empfinden es als Zumutung, mühsam erworbenes »Insider«-Wissen aus dem Fenster zu werfen, indem sie es jedem verständlich machen. Schlampige empfinden als Zumutung, irgendetwas sorgfältig machen zu sollen, klare Texte eingeschlossen.

Respekt vor sich selber zeigen Autoren, wenn sie ehrlich bleiben. Mit dem, was sie schreiben, treten sie vor die Öffentlichkeit. Das macht manche ängstlich, andere eitel. Dann putzen sie auf, was sie zu sagen haben. Es soll nach mehr aussehen, als es in Wirklichkeit ist. Wer kennt sie nicht, die gestelzten Sätze, das aufgeblasene Gerede, die knalligen Neuwörter. Wer so schreibt, bietet seinen Lesern Leitungswasser in Sektgläsern aus falschem Kristall. Die ehrlich bleiben wollen, sagen, was sie zu sagen haben, auch wenn es nur wenig sein sollte und gar nichts Außergewöhnliches. Haben sie ihre gewöhnliche Sache gründlich durchgearbeitet und klar dargestellt, dann dürfte ihr Text manchem von Nutzen sein. Ehrlich schreiben gehört zur Echtheit, die heutzutage viele, auch Wissenschaftler, erstreben. Wache Leser, ob sie vom Fach sind oder nicht, dürften ohnehin bald erkennen, was echt ist und was Imponiergehabe.

III. Religionsgeschichte – Arbeiten am Besonderen

Religionswissenschaft stand schon früh auf zwei Beinen. Das eine heißt »Religionsgeschichte«, das andere »Vergleichende Religionsgeschichte«, einige sagen lieber »Religionsphänomenologie«, andere »Systematische Religionswissenschaft«. Religionsgeschichtler erforschen einzelne Religionen. Was dabei herauskommt, systematisieren Vergleichende Religionswissenschaftler. Auf höherer Ebene suchen sie ein System zu errichten, in dessen allgemeine Einteilungen die verschiedenen Einzelheiten aus den vielen Religionen hineinpassen. Die meisten Religionswissenschaftler arbeiten in beiden Sparten ihres Faches.

Joachim Wach (1898–1955), Religionswissenschaftler an der Leipziger Universität und, seit 1935, Professor in den USA, beschrieb 1924 in seiner Habilitationsschrift die zwei Hälften der Religionswissenschaft[1]. Die Religionsgeschichte, so erklärte er, zieht Längsschnitte, die Systematische Religionswissenschaft Querschnitte. Längsschnitte werden innerhalb einer Religion gezogen, von einem Anfangs- bis zu einem späteren Punkt in der Entwicklung einer religiösen Sache. Querschnitte werden durch verschiedene Religionen gezogen, weil man bei jeder nur die eine religiöse Sache studieren will. Die einen fragen: »Wie wurde die Religion X zu dem, was sie ist?« Die anderen fragen »Was ist die Sache X in allen Religionen?«

Wonach Religionsgeschichtler suchen, es ist nicht immer das Genetische, wie etwas entstand und sich entwickelte. Sie ergründen auch die Spannung zwischen dem, was eine religiöse Sache sein soll, und dem, was sie tatsächlich ist. Sie möchten herausfinden, was eine religiöse Sache bewirkt: im religiösen System wie ein Rad in einem Räderwerk; in der Kultur, zu der eine Religion gehört wie ein Mensch zu seiner Familie; bei einzelnen und bei vielen Gläubigen. Manche möchten sogar vorausschauen, wohin eine Entwicklung gehen könnte und welche Verwicklungen sie mit sich bringen dürfte. Mithin sollte niemand das Wort »Religions-Geschichte« mißverstehen. Es handelt sich nicht um eine Altertumswissenschaft. Das kann sie freilich auch sein, und sie ist es lange gewesen. Doch handelt »Religionsgeschichte« öfter von der Gegenwart als von der Vergangenheit und somit öfter von lebenden Religionen als von erloschenen.

1. Religiöse Texte

Gelobt sei, wer die Schrift erfand, denn ohne sie gäbe es eine ganz andere Wissenschaft, als wir sie heute kennen, falls schriftlose Wissenschaft überhaupt denkbar wäre. Nicht umsonst riet Mephisto der wissenschaftlichen Hilfskraft des Dr. Faust, eifrig mitzuschreiben in den Vorlesungen, »denn was man schwarz auf weiß besitzt, kann man getrost nach Hause tragen«. Schwarz auf weiß, es füllt die Bibliotheken unserer Universitäten, die Brutstätten künftiger Generationen von Gelehrten. Die Religionswissenschaft macht da keine Ausnahme.

Religiöse Schriften schätzt man nirgendwo in der Welt höher ein als im Abendland. Die Bibel, »das Buch«, gilt seit Gutenbergs Erfindung als der beste Missionar, den es geben kann. Bibelgesellschaften haben Milliarden biblischer Texte über den Erdball verteilt, umsonst oder gegen geringes Entgelt. Wie sehr biblische Texte Nichtchristen beeindrucken können, beweist eine Gegenprobe. Kommunistische Behörden fürchten kein zweites Buch mehr als die Bibel. Mit hohen Strafen bedrohen sie jeden, der sie verbreitet.

Heilige Texte schätzt man auch in anderen Religionen. »Tora lernen« ist Hauptsache im Leben frommer Juden. Jeder Vers des Koran gilt Muslimen als übernatürlich diktiert. Fromme Sikh verehren ihr heiliges Buch Granth wie eine Person. Wenn es nicht den Mittelpunkt ihrer Gottesdienste bildet, ruht es in seinem Zimmer auf Seidenkissen in weichem Bett unter einem Baldachin und hinter Moskitoschleiern.

Freilich, auch das Gegenteil findet sich in der Religionsgeschichte. Zenmönche haben Bibliothek und Abort Tür an Tür gebaut. Das hat symbolische Bedeutung. Mönchen, die es dennoch zum Studium heiliger Texte zieht, wird das Lesen sauer: So schwach wie die Leselampe leuchtet kein zweites Licht im Kloster. Hauptsache in ihrem Leben soll die Meditation, nicht die Schriftgelehrsamkeit werden.

Im Anfang war die Philologie

Vater der Religionswissenschaft, darüber scheint man einig, war Friedrich Max Müller (1823–1900). Von seinem Geburtsort Dessau zog der Achtzehnjährige auf die Leipziger Universität, um Griechisch und Latein zu studieren. Nach einer Weile bekam er den »ganzen aufgewärmten Kohl« von Homer und Horaz satt und wechselte kurz entschlossen zu einem brandneuen Studienfach, dem Sanskrit. Einer der am meisten gerühmten Sanskritisten war damals Eugène Burnouf. Zu ihm nach Paris ging Max Müller 1845. Damals war er zweiundzwanzig Jahre alt und auf der Suche nach einer Lebensaufgabe. Burnouf riet zum Veda. Als Geldgeber gewann man die »East India Company«. Fünfundzwanzig Jahre lang hat Max Müller seine ganze Zeit und Kraft für diese Arbeit gebraucht. Den Text des Rig-Veda, zehn Bücher mit insgesamt 1028 Hymnen, die sechs Quartbände füllen, und einen entsprechend umfangreichen Kommentar dazu hat er von Handschriften abgeschrieben, die aus Indien nach England, Frankreich und Deutschland gelangt waren. Er tat es für ein Honorar, für das, wie er sagte, auch nicht der jüngste Angestellte im Kolonialdienst zwanzig Jahre lang gearbeitet haben würde.

Und die Religionswissenschaft? Wo sie anfing, das erfahren wir aus den Lebenserinnerungen Max Müllers: »Die Sänger der Vorzeit waren es, die mich zuerst nach Indien lockten, und ich habe nie bedauert, ihrem Rufe gefolgt zu sein, so weit mir nur immer die anderen Rufe im Leben es gestatteten. Sie haben mir eine ganze Gedankenwelt offenbart, von der nirgends sonst eine Spur zu finden ist, und sie haben mich ermächtigt, die ersten schwachen Lichtstrahlen in die dunkelste Periode der Geschichte der Religion, Philosophie und Mythologie zu werfen.«[1]

Wie andere seiner Zeitgenossen war auch Max Müller darauf aus, Ursprünge zu entdecken: die historische Entstehung der Sprache, der Religion, der Astronomie, der Grammatik, der Philosophie, der Soziologie. Wer mit Sprachen zu tun hatte, suchte in ihnen nach Ursprüngen. Das Augenmerk seiner europäischen

Landsleute – sie suchten immer nur in der griechischen, der römischen und germanischen Literatur – hat Max Müller auf die indische lenken wollen. Im ältesten der vier Veden, im Rig-Veda, wähnte er sich den Anfängen der indischen Religion so nahe wie nirgendwo sonst.

Die vedische ist religiöse Literatur. Noch immer lernen in Indien Brahmanensöhne die Texte Zeile um Zeile dem Klang nach. Religiöse Überlieferung ist Gedächtnissache geblieben, weil die Intonation der heiligen Sätze als überaus wichtig gilt. Brahmanen sind lebendige Textbücher, aber sie haben auch handgeschriebene und gedruckte. Weil er ihren Veda ediert hat, ehrten Hindu Max Müller auf mannigfache Weise. Sie schickten ihm die heilige Schnur des Brahmanen. Sie baten ihn, aus der Entfernung als einer der für Totenspenden erforderlichen sechzehn Priester zu fungieren. Sie baten ihn, vedische Gebete für ihre verstorbenen Väter zu rezitieren. Sie haben ihm sogar die Geschenke übersandt, die einem Brahmanen zustehen, weil er, wie sie ihm schrieben, den Veda besser kenne als ihre eigenen Priester.

Seither gelten Texte als *der* Rohstoff für religionswissenschaftliche Produktionen. Es gibt heilige Texte und religionshistorische Dokumente. Heilige Texte, »heilig« im Sinne der Gläubigen, denen sie gehören, sind entweder heilige Schriften oder mündlich tradierte heilige Überlieferungen. Religionshistorische Dokumente erschließen persönliche Religion, es sind »Bekenntnisse«, wie wir sie im Christentum und in anderen Religionen finden können. Weitere Dokumente belegen religionshistorische Entwicklungen, lassen deren Ursachen oder Folgen erkennen. Mit diesen vier Textarten haben Religionsgeschichtler zu tun.

Heilige Schriften

Gotama, der Buddha, zog von Ort zu Ort und lehrte alle, die ihn fragten. Seine Jünger behielten im Gedächtnis, was er hier zu diesen, dort zu jenen gesagt hatte. Was die Jünger selber nicht begriffen, ließen sie sich immer wieder erklären. Als der Buddha gestorben war, ordneten seine Schüler die Lehre und gaben sie fortan mündlich von einer Mönchsgeneration zur nächsten weiter. Aufgeschrieben haben sie die Lehre erst zwei- oder dreihundert Jahre nach dem Tode des Buddha. Sie rezitierten auf Pali, und diesen

Palikanon schrieben sie auf Palmblätter. Sie taten es in indischer Devanagarischrift, in singhalesischer, birmanischer, laotischer, kambodschanischer und in Thai-Schrift.

Einen solchen Palitext hielt eines Tages, Sri Lanka war britische Kolonie geworden, ein junger Engländer in der Hand, der als Beamter über einen Fall zu Gericht saß. Man stritt um ein dörfliches Kloster buddhistischer Mönche. Die Handschrift sollte als Beweisstück dienen, aber kein Anwesender konnte sie übersetzen. Der britische Beamte war Thomas William Rhys Davids (1843–1922). Er hatte in Breslau Sanskrit studiert und promoviert. Deshalb war sein Interesse sogleich geweckt. Er suchte so rasch es ging einen Palilehrer und fand den verehrten Bettelmönch Yatramulle Unnanse. Von ihm lernte er mit der fremden Sprache auch die fremde Religion. 1864 war T. W. Rhys Davids nach Ceylon gekommen, 1878 erschien sein Buch über den Buddhismus. Gedruckt hat es die »Society for Promoting Christian Knowledge«, die auch eine Reihe über nichtchristliche Religionen herausgab. Weitere Bücher folgten, Vorträge und Vorlesungen, Übersetzungen von Palitexten, auch ein Wörterbuch. 1904 wurde T. W. Rhys Davids in Manchester Professor, er wurde der erste Professor für Vergleichende Religionsgeschichte in England.

Und er war Philologe. Ein großes philologisches Ziel hat ihn beflügelt. Er wollte den ganzen Palikanon in lateinischer Schrift edieren, und er wollte die Palitexte ins Englische übersetzen. Das alles konnte kein Mensch allein bewerkstelligen. Darum gründete T. W. Rhys Davids 1881 die berühmte »Pali Text Society«, die bis heute fortbesteht. Beifall und Beistand für sein Vorhaben erhielt er von Palikennern aus Ceylon, Birma, England, Frankreich, Deutschland, Holland und den USA. Hermann Oldenberg, dessen deutsches Buch über den Buddha und seine Lehre öfter aufgelegt wurde, gehörte zum ersten Komitee der »Pali Text Society«. Inzwischen ist der Palikanon in lateinischer Schrift herausgegeben und ins Englische übersetzt. Band neben Band gestellt, hat der Palitext einen beachtlichen Umfang: elfmal so viel wie die Bibel. Doch das war sozusagen nur das erste Glied dieser heiligen Schriften. Es gibt noch ein zweites, die Kommentare. Deren Herausgabe und Übersetzung hat sich die »Pali Text Society« als nächste Aufgabe gestellt.

Auch aus anderen Kolonien brachten Europäer Jagdtrophäen, Kunstschätze und Manuskripte mit nach Hause, wo Bibliotheks-

und Museumsdirektoren sowie reiche Privatleute Handschriftensammlungen anlegten. Begutachten ließen sie ihre Kostbarkeiten von Philologen. Philologen waren es auch, die aus den Handschriften Bücher machten für Seminarbibliotheken. Und weil viele Texte Religiöses zum Thema hatten, bildeten sich unter Philologen als neue Spezialisten die Religionskenner heraus. Religionswissenschaft begann als Textwissenschaft. Sie ist es zu einem guten Teil noch heute. Religionswissenschaftler sind gern Philologen. Freilich, die goldenen Entdeckerjahre kommen nicht zurück. Moderne Philologen holen sich ihre Texte aus der Universitätsbuchhandlung und hoffen, in ihnen wenigstens eine neue Deutung zu entdecken. Die Scheunen der Philologie sind gefüllt, jetzt drischt man, was gesammelt wurde.

Mündliche Überlieferungen

Im Jahre 1840 unterzeichneten Häuptlinge der Maori, der polynesischen Ureinwohner Neuseelands, in Waitangi einen Vertrag mit dem Vertreter der britischen Krone. Fünf Jahre später wurde George Grey (1812–1898), britischer Gouverneur im australischen Adelaide, nach Neuseeland versetzt. Die Maori sprachen damals noch nicht Englisch, weil englische Missionare sie lesen und schreiben, aber nicht die englische Sprache gelehrt hatten. Der neue Gouverneur fand bald heraus, daß seine weißen Übersetzer die Verständigung mit den Maori eher schwieriger als leichter machten. Deshalb lernte er selbst die fremde Sprache. Als er sie verstehen und lesen konnte, fiel ihm auf, wie die Maori in Andeutungen reden, in einzelnen Reimen, in halben Weisheitssprüchen, was andere Maori verstanden, doch weder der Gouverneur noch seine Übersetzer. Um auch noch diese Lücke zu schließen, begann George Grey, die mündliche »Literatur« der Maori zu sammeln, aus der seine gebildeten Gesprächspartner so gern zitierten.

Lange dauerte es nicht, bis er herausfand, daß junge, von Missionaren geschulte Maori ihm die alten Traditionen ihres Volkes nicht mehr erschließen konnten. Das konnten nur noch »heidnische« Priester und Älteste. Aber sie mußten erst dazu gebracht werden, es auch zu wollen. Einige hatten mündlich überlieferte Texte niedergeschrieben oder niederschreiben lassen. Auch an solche Aufzeichnungen gelangte der Gouverneur. Auf Dienstreisen und in Briefen bat er Maori überall im Lande um Überliefertes von ihren Vätern.

In London erschien, neun Jahre nach seiner Ankunft in Neuseeland, das stolze Ergebnis der Suche des britischen Gouverneurs, ein Buch mit Maoritexten unter dem Titel *Nga Mahi A Nga Tupuna,* was soviel heißt wie »Die Taten (oder Werke) der Ahnen«. Ein Jahr später, es war 1855, erschien auch die englische Übersetzung der Maoritexte als *Polynesian Mythology.* Und in der Tat, die meisten Überlieferungen, die George Grey gesammelt hatte, gehören zur Religion der Maori, sind heilige Texte.

George Grey war in Sandhurst zum Offizier erzogen und danach Kolonialbeamter geworden. Ein Philologe war er nicht. So ließ er drucken, was die Maori geschrieben hatten. Doch die Maori waren damals im Schreiben noch ungeübt. Ihre Buchstaben ließen sich nicht immer eindeutig lesen. Viele schrieben getrennte Worte zusammen und begnügten sich gern mit einem, wo derselbe Buchstabe zweimal hätte stehen müssen. Als Redner hielten sie sich an überlieferte Stilregeln, als Schreiber nicht. So konnte es geschehen, daß ein penibler Redner schlampige Sätze schrieb, die er nie im Leben über seine Lippen gebracht hätte. In späteren Auflagen von *Nga Mahi A Nga Tupuna* haben Philologen die meisten Fehler verbessern können.

Auch Religionswissenschaftler war der Herausgeber nicht, konnte es damals auch schwerlich schon sein. Mithin hat er gelegentlich abweichende Überlieferungen verschiedener Herkunft zu einer allgemeinen Fassung zusammengebaut. Ihm genügte die Geschichte einmal, Varianten und deren Bedeutung interessierten nicht. Und niemals vergaß er, die eigene Rasse, Kultur und Religion als überlegen herauszustellen. »Es ist wahr«, so schrieb er im Vorwort zur englischen Übersetzung, »ihre Überlieferungen sind kindisch *(puerile).* Daß der religiöse Glaube von Rassen, die auf ihn bauen, absurd ist, das ist eine traurig stimmende *(a melancholy)* Tatsache«[2]. Natürlich sollte und wollte der Gouverneur in seinen moralischen und religiösen Ansichten dem entsprechen, was daheim in England als Norm galt.

Dennoch, die Religionswissenschaft bleibt für immer in der Schuld von Sir George Grey. In jenem Vorwort von 1855 schrieb er: »Ich glaube, es ist das erste Mal, daß es in der Macht eines europäischen Lesers steht, sich in die Lage von jemand zu versetzen, der einem heidnischen und wilden *(savage)* Hohenpriester zuhört, welcher ihm mit seinen eigenen Worten und in seiner kraftvollen *(energetic)* Art die Überlieferungen erklärt, an die er ernsthaft glaubt, und jene religiösen Überzeugungen entfaltet, auf denen der Glaube und die Hoffnung seiner Rasse beruhen.«[3]

Um ihre Kolonien zu verwalten, mußten auch andere Europäer »Eingeborenensprachen« lernen. Um »Eingeborenensprachen« zu üben, brauchten sie Texte. Also sammelten Sprachforscher neben grammatischen Beispielsätzen auch allerlei Lesebuchtexte: Fabeln, Sprichwörter, Rätsel. Sehr viel schwerer war es, an religiöse Texte zu kommen, deren Horizont höher lag als der von Kindergeschichten. Hier dürften wir, nebenbei bemerkt, eine der Wurzeln des europäischen Aberglaubens vor uns haben, »schriftlose« Religionen seien »primitive« Religionen. Unter den Missionaren gab es manche, die ein waches Ohr für religiöse Lieder, für Gebete und Rezitationen hatten und niederschrieben, was sie zu hören bekamen. Als die einheimischen Priesterlehrer kaum noch Schüler hatten, überlegten einige, ob sie ihr Priesterwissen, anstatt es für immer mit ins Grab zu nehmen, nicht lieber wider alle Regeln für die Nachgeborenen ihres Volkes aufschreiben lassen sollten. Solche Aufzeichnungen erweisen sich als besonders reine Quellen für Religionswissenschaftler. Seit den sechziger Jahren gibt es auch Erweckungen altväterlicher Religionen, was alte Texte aufs neue lebendig macht.

Persönliche Bekenntnisse

Reisende und Forscher haben oft persönliche Bekenntnisse gehört. Gelegentlich haben sie auch einiges davon in ihre Bücher aufgenommen, freilich eher als kuriose Beilage denn mit System. Lange ist es noch nicht her, seit Völkerkundler systematisch Lebenserinnerungen aufschreiben lassen. Religiöse Bekenntnisse entstehen nach wie vor eher zufällig. Sie beschreiben individuelle religiöse Entwicklungen, sie berichten vom Reifwerden und von Rückschlägen, von Erlebnissen, Erfahrungen und Gedanken. Persönliche Bekenntnisse belegen aber auch die Eigenart einer spezifischen Religiosität. Religionsgeschichtlern gewähren sie eine einzigartige Innenansicht fremden Glaubens.

Ein Illustrator und Schriftsteller, der aus Österreich nach New York gekommen war, Richard Erdoes, suchte im Auftrag einer Zeitschrift in Süd-Dakota nach lohnenden Motiven. Süd-Dakota ist Indianerland. Innerhalb der Grenzen dieses Bundesstaates liegen vier Reservate: »Cheyenne River Indian Reservation«, »Lower Brule Indian Reservation«, »Pine Ridge Indian Reservation« und »Rosebud Indian Reservation«. Dort gibt es auch den »Black Hills National Forest« und das »Badlands National Monument«, beides Landschaften, deren Herausgabe die Indianer immer dringlicher vom Staat verlangen. Indianer hatte der weiße Schriftsteller freilich nicht im Sinn. Er beschrieb, was zu Beginn der fünfziger Jahre weiße Illustriertenleser eher interessierte: verlassene Städtchen, stillgelegte Bergwerke, das Tierleben der Prärie und ein freies »outdoor life«, das dort zu finden ist. Erst der Zufall brachte Schriftsteller und Indianer zusammen.

Später, 1967, lernte Erdoes den Indianer John Fire kennen, der fast achtzig Jahre zuvor in der Rosebud Reservation zur Welt gekommen war. Dort leben Lakota, Angehörige eines der Völker jener Nation, die wir »Sioux« nennen. John Fire war reiner Lakota und stolz darauf, kein weißes Blut in seinen Adern zu haben. Auf Lakota hieß er Tahca Ushte, was mit »Lame Deer« ins Englische übersetzt wird. Er war ein »heiliger Mann«, ein Priester des überlieferten Glaubens, ein lebendes Textbuch der Lakota-Religion und ein berufener Kommentator dazu.

Der Indianer und der Weiße kamen überein, zusammen ein Buch zu schreiben. Zuvor hatte sich Lame Deer mit anderen heiligen Männern seines Volkes beraten. Sie stimmten dem Vorhaben zu, denn »diese Dinge sollten aufgeschrieben werden für unsere Enkel«. Der Indianer erzählte, erklärte und erinnerte sich, der Weiße notierte und ließ Tonbänder laufen. 1972 erschien das Ergebnis in einem New Yorker Verlag, ein Buch mit dem Titel *Lame Deer: Seeker of Visions.* Der Text liest sich so, als würde der Leser dem Erzähler lauschen. Der alte Mann spricht von seinem Leben. Er berichtet von Liebschaften, von allerlei Abenteuern und Jugendtorheiten, von den Jobs, die er einmal gehabt hat, von merkwürdigen Menschen, denen er begegnete. Er nimmt kein Blatt vor den Mund. Mit bitterer Ironie spricht er über die Weißen und darüber, was sie Indianern antaten und noch antun. Und er berichtet vom eigenen und vom Glauben seiner Landsleute. Wir lesen seine

Deutung der heiligen Zahl vier, des Kreises und des Vierecks, der heiligen Steine, des Sonnentanzes und anderer Riten und Lehren. Und wir lesen, was er bei traditioneller Visionssuche, was er als Peyotist und was er anderswo im Umgang mit Geistern und der heiligen *Wakan*-Kraft erlebt hat. Eingeschobene Texte vom Heiler Pete Catches, von Leonard Crow Dog, einem »road man« der »Native American Church«, und von einigen anderen Freunden des alten Priesters bereichern diesen Text um weitere persönliche Bekenntnisse.

Religionshistorische Dokumente

Heilige Schriften zeigen uns das Ideal einer Religion, religionshistorische Dokumente zeigen uns, wie jene Religion in Wirklichkeit ist. Sie offenbaren den ständigen Wandel in Lehre und Praxis, der sie immer weiter von alten Normen entfernt und neue schafft. Das wirkliche Bild ihrer Religion möchten manche lieber hinter ein ideales Gemälde stellen. Mithin kann man auf religiöse Führer treffen, die ihre Dokumente nur vorsortiert sehen lassen. Andere, besonders Häupter sogenannter Neuer Religionen, sind gebrannte Kinder und haben Angst vor Spitzeln, Spionen und Enthüllungsjournalisten. Anerkannte Religionsgemeinschaften lassen sich leichter erforschen als solche im Untergrund, zentral geleitete leichter als solche mit lokalen Leitungen. Religionshistoriker müssen Dokumente suchen bei Offiziellen und bei anderen Gläubigen, bei jedem, der eine Entwicklung näher kennen oder gekannt und darüber geschrieben haben könnte.

Im Jahre 1963 erhielt ich die Aufgabe herauszufinden, was es mit einer neuen Religion in Afrika auf sich habe. Ihr Name »Kitawala« wurde in ein paar Publikationen genannt, viel mehr wußte man damals nicht. Erste Hinweise führten nach Malawi, in die ehemals britische Kolonie Nyassaland. Im Londoner »Public Record Office« bezeugten einige amtliche Dokumente die Anfänge dieser Religion. In den Archiven der schottischen Mission in Edinburgh, für sie galten die zeitlichen Begrenzungen des Regierungsarchivs nicht, fanden sich weitere Anhaltspunkte.

»Kitawala« war um 1910 entstanden, aus der Ferne inspiriert von Anhängern des Amerikaners Charles Taze Russell, die sich später »Zeugen Jehovas« nennen sollten. Die zur »Kitawala« gehörten, waren aber in erster Linie Afrikaner, erst in zweiter, wenn überhaupt, waren sie Zeugen Jehovas. Folglich erwarteten sie das Kommen des Reiches Gottes als das Ende europäischer Kolonialherrschaft. Kolonialbeamte erschraken über derart subversive Predigten. Missionare erschraken, weil ihr schwarzes Kirchenvolk scharenweise zu »Kitawala« konvertierte. Kirchen haben »Kitawala« mithin verdammt, während Behörden sie verboten und verfolgt haben. Dokumente zur Rekonstruktion der Geschichte von »Kitawala« lesen sich entsprechend. Gläubige bekannten tapfer ihren Glauben in Verhören, Beamte äußerten sich mit Argwohn, Missionare mit Ablehnung.

Über Nord-Rhodesien, das heute Zambia heißt, war »Kitawala« bis in den Kongo gelangt. Die belgischen Behörden deportierten alle bekannt gewordenen Anhänger der Bewegung, und sie hielten deren Anführer in Lagern fest. Kurz bevor der Kongo unabhängig werden sollte, verfrachteten sie alles Archivmaterial nach Brüssel. Aber dort durfte es niemand sehen, der nach »Kitawala« fragte. Den Namen eines ehemaligen Lagerkommandanten hat man mir gegeben, doch er ließ sich verleugnen.

Dennoch wurden Spuren sichtbar. Katholische und protestantische Missionare, die orthodoxen Zeugen Jehovas, pensionierte Beamte, Weiße wie Schwarze ließen mich dieses und jenes wissen. Einige baten dringend, nicht zitiert zu werden. Manches, was als Archivmaterial unerreichbar blieb, fand sich in Fachzeitschriften der Kolonialgerichtsbarkeit oder anderer Kolonial- sowie mancher Missionsgesellschaften. Es wurde eine Spurensuche, so mühselig wie aufregend.

Übersetzte Texte

Philologen haben fremde Texte übersetzt und damit fremde religiöse Normen in Europa bekannt gemacht. Das bleibt für immer ihr Verdienst. Max Müller hatte mit der berühmten Reihe *Sacred Books of the East* angefangen, in deren fünfzig Bänden jeder, der Englisch versteht, heilige Texte der Hindu, Buddhisten, Jaina, Perser, Chinesen und den Koran kennenlernen kann. T. W. Rhys Davids, von Max Müller ermuntert, edierte unter der Schirmherrschaft zweier Könige von Siam die *Sacred Books of the Buddhists.* In Deutschland erschienen *Quellen der Religionsgeschichte* im Auftrag der Religionsgeschichtlichen Kommission bei der Gesellschaft der Wissenschaften zu Göttingen. Man las das *Religionsgeschichtliche Lesebuch* und mancherlei Anthologien oder Übersetzungen einzelner Schriften.

Übersetzen ist kein leichtes Geschäft. Schöne sind nicht immer treue Übersetzungen, und treue lesen sich nicht schön. Was philologisch stimmt, kann den religiösen Sinn verfehlen und umgekehrt. Religiöse Texte sollten deshalb von zweifachen Spezialisten übersetzt werden, welche sowohl die fremde Religion als auch die fremde Sprache kennen. Dennoch, so viele Übersetzer, so viele Übersetzungen wird es von ein und demselben Text geben. Und nicht nur von langen oder komplizierten Texten, auch von kurzen und einfachen Sätzen. Ein Beispiel soll das belegen.

Es handelt sich um Kern-Sätze der Buddhalehre, um die »drei Merkmale« alles Seienden. Überliefert sind sie auf Pali. Aus vielen greife ich für das Beispiel drei Übersetzer heraus: drei Buddhisten, Kenner des Pali, mit deutscher Muttersprache[4]. Besser geeignet kann niemand sein. Dies sind die drei Palisätze mit ihren Übertragungen:

Sabbe saṅkhārā aniccā (sabbe: »alle«; saṅkhārā, mask.pl. [sam-: »zusammen«, Wortwurzel kar: »machen«]: »Gebilde«, bedingt entstanden; anicca: a-: »nicht«, nicca: »beständig«).
Karl Eugen Neumann übersetzt: »Das ganze Sein fließt immerfort«.
Karl Seidenstücker: »Alle Gebilde sind vergänglich«.
Kurt Schmidt: »Kein Ding bleibt immer gleich«.

Sabbe saṅkhārā dukkhā (dukkha, neutr.: »das Leiden«, Adj.: »leidvoll«):
Karl Eugen Neumann übersetzt: »Das ganze Sein ist flammend Leid«.
Karl Seidenstücker: »Alle Gebilde sind leidbringend«.
Kurt Schmidt: »Kein Ding befriedigt ganz«.

Sabbe dhammā anattā (dhammā, mask.pl.: »die Dinge«; anatta: a-: »nicht«, atta, mask.: »das Ich«, »die Seele«, »der Ātman«).
Karl Eugen Neumann übersetzt: »Die ganze Welt ist wesenlos«.
Karl Seidenstücker: »Alle Realitäten sind nicht das Ich«.
Kurt Schmidt: »Kein Ding ist mein Ich«.

Übersetzer tragen Wörter aus einer fremden in unsere Sprache hinüber. Dabei setzen sie auch ihre Leser über, wie Fährleute, vom vertrauten an das Ufer einer fremden Religion. Zweierlei behindert ihre Aufgabe. Sie finden in unserer Sprache kein Wort und mithin auch keine Vorstellung, die das Original trifft. Und wenn sie es finden, scheuen sie manchesmal davor zurück.

Ein Beispiel für die erste Art Hindernis ist *Muru.* Es ist ein Maoriwort, das wir mit »plündern« und »Plünderung« übersetzen. Das ruft in uns Bilder von Krieg und Katastrophen wach, »wer plündert, wird erschossen!« Plünderer sind Rechtsbrecher, gierig nach Dingen, die anderen gehören. Geplünderte sind Überfallene, Ausgeraubte, bedauernswerte Opfer. Bei den Maori bedeutet *Muru* demgegenüber etwas Gutes. Es war das Mittel, um verlorenes Gleichgewicht wiederherzustellen. Daß in einer Familie etwas aus dem Lot geraten war, zeigte sich an »Unfällen«: Der Vater hatte sich beim Hantieren mit einem Beil verletzt, ein Kind war ins Feuer gefallen und hatte den Arm verbrannt, jemand hatte sexuelle Schranken übertreten. Solche Dinge geschahen nicht, solange eine Familie im Heil war, in Harmonie mit allen Kräften und Mächten. Die Rettung kam durch Freunde, die sich zum *Muru* einfanden. Ihnen gab man, was man besaß. Je mehr die Familie fortgab, desto größer wuchs ihr *Mana,* und das wiederum hat mit »Leben« und »Heil« im religiösen Sinne zu tun. Folglich gleicht *Muru* eher unserer Vorstellung von einem Sakrament als der von einer Plünderung.

Jetzt fehlt noch ein Beispiel für die andere Art Hindernis. In verschiedenen Kulturen schämt man sich aus verschiedenem Anlaß. Europäern liefert Sexualität ein schier unerschöpfliches Reservoir für Obszönitäten. Die fälschlich so genannten Primitiven reden über Sexuelles sachlich, obszön reden sie über anderes. Maori erröten, wenn über einen Männerkopf Bemerkungen fallen, die wir für harmlose Kalauer halten würden. Auch aus unterschiedlicher Schamhaftigkeit sind Übersetzern religiöser Texte Schwierigkeiten erwachsen.

Wie der Tod in die Welt kam, erklären Maori so: Die Stammutter der Menschen wurde zur Herrin im Totenreich, als Maui, eine halb menschliche, halb übermenschliche Gestalt der Frühzeit, den Menschen Unsterblichkeit sichern wollte. Als die Urmutter schlief, versuchte Maui, den Weg der Geburt in umgekehrter Richtung zurückzukriechen. Das mißlang, und er starb den ersten aller Tode.

Von Maori niedergeschriebene Versionen drücken sich ohne Umschweife aus: Maui drang in sie ein und wollte aus ihrem Mund wieder herauskommen. Aber die Schamteile *(nga Puapua)* der Urmutter haben ihn zerquetscht *(kutia).*[5] Sir George Grey's Text redet nicht so direkt, er umschreibt, verändert aber nicht die ursprüngliche Absicht, wenn er Maui sagen läßt, er wolle in sie (in ihr Inneres) eindringen *(ka tomo atu ki Roto)* und hoffe, aus ihrem Munde wieder herauszukommen *(puta noa i te Waha).*[6] Reverend Richard Taylor, sein wichtiges Buch *Te Ika a Maui* erschien 1870, ging von Originalen aus, zitiert sie aber nicht, sondern umschreibt ebenfalls, auch er, ohne die Aussage des Mythos wesentlich zu verändern. Dem gebildeten Missionar fielen die alten Griechen ein, als er die Herrin der Totenwelt der Maori, »die alle in ihren Mutterleib zieht und niemals wieder freigibt«, mit dem Hades verglich: Maui wollte versuchen, »to pass through Hades, and to come out from the jaws of death«.[7] Dazu bemerkte er in einer Fußnote, wir könnten diesen Mythos nicht lesen, ohne an die neue Geburt erinnert zu sein. Um ewig zu leben, müssen wir wiedergeboren werden. Das habe Maui begriffen, aber er wie Nikodemus hätten die wahre Wiedergeburt mißverstanden.

Die Schamhaftigkeit von Europäern hat schließlich in jenen Texten einen Gipfel erreicht, in denen der Endpunkt der Reise Mauis zum Ausgangspunkt umgepolt wird: »Hine schlief. Ihr Mund stand offen, und Maui warf sein Gewand ab und bereitete sich vor, in ihren Mund zu kriechen ... kopfüber sprang Maui in Hines offenen Mund ... da bissen ihre Zähne mit gewaltigem Krachen zu.«[8] Das ist eine artige Version, die freilich eines mißachtet: den mythischen Vorgang und seine Logik.

Was folgt aus all dem? Ohne Übersetzungen wären Religionswissenschaftler auf das wenige beschränkt, das sie selber in fremden Sprachen verstehen. Probleme bringen Übersetzungen erst dann, wenn man sie zitiert, als wären sie das Original. Dadurch sind fremde Religionen schon öfter in falschen Verdacht geraten. Das Original läßt sich durch nichts ersetzen. Aber auch Originale haben ihre Tücken. Eine Religionswissenschaft, die ausschließlich von Originaltexten lebt, wird bald an Mangelerscheinungen kranken.

Wiederum mag ein Beispiel zeigen, wohin das führen kann. Wiederum stammt es von Max Müller, dem Vater der Religionswissenschaft. Sein lebenslanger Traum ist es gewesen, Indien zu erleben. Aber nicht nur flüchtig wie ein Tourist, er wäre gerne länger geblieben, um jene aufsuchen zu können, die den Veda noch auswendig wissen. Doch der Traum blieb ein Traum. Als Max Müller jung war und Zeit hatte, fehlte ihm das Geld, als er das Geld hatte, fehlte ihm die Zeit. Mithin hat er sich mit dem Traum getröstet: »Ich habe mich begnügt mit dem idealen Indien, das ich mir selbst erbaut habe, teils aus Büchern, teils aus den Erzählungen der Inder, die mich in Oxford aufsuchten. Wenn das Indien, das ich kenne, ein ideales Indien ist, so ist es nach der Weise des idealen Griechenlands oder Italien, das wir aus Homer und Virgil kennen.«[9]

Der Forscher macht sich aus der Ferne »sein« Bild von einer fremden Religion. Max Müller spürte, als die meisten seiner Zeitgenossen ihm fraglos applaudierten, wie schief so ein Bild geraten konnte. Das Ideale, schrieb er, müsse ja nicht irreal sein. Eine Landschaft funkelt im Sonnenschein, unter Regenwolken wirkt sie grau und trostlos, doch immer bleibt es dieselbe Landschaft. Auf Indien bezogen hieß das: die reine, klare, ideale Religion der Veden neben den Hindu zur Zeit der Königin Victoria, »Eingeborenen«, mit denen die britische Verwaltung ihre liebe Not hatte, »the white man's burden«.

Heutzutage sollten wir uns mit Darstellungen des Ideals einer Religion nicht mehr zufrieden geben. Gewiß, das Ideal ist nicht irreal, es bildet einen Teil jener Religion, doch ihm fehlt die nicht weniger reale religiöse Wirklichkeit. Um einzusehen, wie notwendig diese Ergänzung ist, brauchen wir uns nur vorzustellen, wie zwei Religionsforscher vom Ende der Welt das Christentum schildern würden, wenn der eine sich »sein« Bild aus dem griechischen Original des Neuen Testaments machte, während der zweite in unseren Städten und Dörfern Feldforschung triebe. Müßten die beiden ihren Lesern am Ende der Welt nicht zwei verschiedene Religionen beschreiben?

2. Religiöse Bilder

Viele Religionswissenschaftler, wahrscheinlich sind es sogar die allermeisten, halten sich bei der Suche nach Studienmaterial zu hundert Prozent an Texte. So haben sie es gelernt, so lehren sie es Jüngere. Die Wirklichkeit in den Religionen ist freilich anders. Heilige Schriften sind wichtig, für Priester wichtiger als für Laien, aber weder Priester noch Laien leben von ihnen allein. Ihr religiöses Leben umfaßt mehr als nur die Lehre und deren Auslegung. Wieviel mehr, das schwankt von Religion zu Religion. Doch eine, die sich hundertprozentig von ihren heiligen Schriften ausfüllen ließe, die gibt es nicht. Mithin klafft an dieser Stelle ein Mißverhältnis zwischen dem, was den meisten Religionswissenschaftlern und dem, was den meisten Gläubigen wichtig erscheint, ein Kontrast von freiwilliger Beschränkung und wirklichem Leben.

Zu religiösem Kult gehören Kulträume, Kultgewänder, Kultgeräte, Kultbilder. Sie in Texten zu beschreiben, fällt schwer. Nicht jeder Leser ist geübt genug, um technische Daten wie Höhe und Durchmesser in Zentimetern, Gewicht in Kilogramm, Analysen von Untergrund und Farbschichten vor seinem geistigen Auge korrekt zu einem Bild zusammenzufügen. Wer Dinge beschreibt, welche der Leser und Hörer kennt, wird schnell verstanden. Unbekannte Dinge mit Worten zu beschreiben, verlangt mehr als nur durchschnittliche Gaben der Beobachtung und Ausdruckskraft. Und wie soll man Hörern gar ein Kunstwerk beschreiben, das sie noch nie zu sehen bekamen? Die Probe aufs Exempel läßt sich in jeder religionsgeschichtlichen Vorlesung machen: Ein Diabild, für zwei Minuten an die Wand projiziert, erspart dem Redner lange Tiraden und den Hörern langlebige Mißverständnisse.

Nichts zwingt Religionswissenschaftler dazu, bei ihrer Arbeit mit den Augen immer nur Buchstaben anzusehen, wo es doch so viel mehr zu sehen gibt. Wo es das zu sehen gibt? Zunächst wiederum in Büchern. Aber nun gilt es zu unterscheiden zwischen Büchern, deren Text von ein paar Bildern illustriert wird, und anderen, in denen Bilder durch ein paar Texte erläutert werden. Die letzteren verlangen, mit Blicken studiert und nur nebenher auch gelesen zu werden. Weitere Bilder lassen sich in Bildarchiven finden, wo es sehr oft keine Texte mehr über sie zu lesen gibt. Die dritte Dimension eröffnen forschenden Blicken Museen, Ausstellungen und natürlich die Tempel, Klöster und frommen Häuser. Wo immer man Religiöses zu sehen bekommt, dort wird das Sprichwort wahr: »Einmal sehen ist besser als zehnmal hören.«

Was es für Religionswissenschaftler alles zu sehen gibt, das Wichtigste davon, läßt sich folgendermaßen einteilen. Erstens gibt es Werke, mit denen Maler, Zeichner, Bildhauer ihre Religiosität zum Ausdruck bringen. Zweitens gibt es religiöses Gerät aller Art. Gläubige haben es hergestellt und benutzt, Europäer haben es in unsere Museen gebracht. Drittens gibt es Dokumente von fremder Religiosität. Es sind von Europäern gemalte oder fotografierte Bilder, Filme, Tonaufnahmen.

Sichtbarer Ausdruck der eigenen Religiosität

Entweder Schrift oder Bild, in einigen Religionen fügen sich die Gläubigen einer exklusiven Tradition. Wo Bilder verpönt oder verboten sind, wird die Schrift zum Angelpunkt. Geschriebenes spricht in Worten, in gelesenen, gelegentlich vorgelesenen, doch nicht in »rezitierten« Worten. Bei rituellem »Rezitieren« zählt nicht, was die Worte bedeuten, sondern was sie bewirken durch ihre Macht, ihren Klang und Rhythmus. Gelesene Worte sollten verstanden werden. Sind sie unverständlich oder mißverständlich, dann werden sie gründlich durchdacht und erklärt. Denken gerät flugs aufs Abstrakte, Abstraktem mangelt Anschauung, und wem Anschauung fehlt, der redet blind.

Anschaulich reden Bilder. Gewiß, auch über Bilder kann man sich viele Gedanken machen und abstrakt reden. Das geschieht indessen kaum auf religiöser, meist auf wissenschaftlicher Ebene. Gläubige sind mit den dargestellten Gestalten und Geschichten vertraut. Ungläubige müssen manchmal rätseln, weil sie die symbolische Bedeutung von Formen und Farben nicht verstehen. Dennoch, sofern es sich nicht gerade um rein symbolische, um »abstrakte« Bilder handelt, erkennen sie die Botschaft auch ohne Dolmetsch.

Die unmittelbare Ausdruckskraft von Bildern wird in vielen Religionen genutzt. Bilder prägen religiöse Wahrheiten fest ins Gedächtnis ein. Bilder lassen unsichtbare innere Erfahrungen sichtbar werden. Bilder lehren, in Sichtbarem Unsichtbares zu erkennen. Für jede der drei Wirkungen will ich eines aus allerlei Beispielen anführen.

(1) Eine Episode aus dem Buddhaleben dient seit je als Vor-Bild für buddhistische Bekehrungen. Es handelt sich um eine Serie von vier Szenen. Der junge Prinz hatte, von der Welt abgeschirmt, im Palast ein Luxusleben geführt. Zum ersten Mal erblickt er die Welt jenseits der Palastmauern. Dargestellt werden vier Begegnungen, die dem Prinzen, auf einem Prunkwagen thronend, die Augen für die Wirklichkeit öffnen: Er sieht zum ersten Mal in seinem Leben einen Alten, einen Kranken, einen Toten. Die Bekehrung ist da, als er begreift: »so auch ich!» Die vierte Begegnung weist ihm einen Ausweg aus dem Unheil. Er gewahrt einen gelbgewandeten Bettelmönch, der »in die Hauslosigkeit« ging. Wem sich diese vier Szenen ins Gedächtnis prägten, der wird sie tagtäglich in Südostasien, und die ersten drei überall auf der Welt, wiedersehen und jedesmal die Wahrheit der Buddhalehre bestätigt finden.

(2) Zen lehrt: sich nicht auf Worte verlassen, direkt aufs Herz zielen, seine wahre Natur erkennen und Buddha werden. Wie geht das vonstatten? Vor Jahrhunderten haben chinesische Ch'an-Meister einen Weg gefunden, in Bildern zu erklären, wie der Mensch das Erwachen sucht und wie er es findet. Es sind Serien von fünf, zehn oder zwölf Bildern vom »Ochsen und seinem Hirten«. Auf dem ersten Bild sucht ein Mensch den Ochsen; dann findet er dessen Spuren; dann sieht er den Ochsen; dann fängt er ihn ein mit einem Strick; dann zähmt er ihn; dann reitet er heim auf dem zahm gewordenen Ochsen; dann ist der Ochse vergessen, er ist nicht mehr zu sehen; dann ein leeres Bild: auch der Hirte ist nun verschwunden, das heißt, er haftet an nichts mehr, auch nicht an seiner Heiligkeit, auch nicht am Buddha; dann ein Bild vom Urgrund: Der Erwachte hat das Ziel seiner Reise erlangt; dann das letzte Bild: Der Erwachte kehrt zurück auf den Markt unter die Leute und wird nun anderen zum Erwachen helfen.

(3) In China haben sich Ch'an-Buddhismus und Daoismus gegenseitig befruchtet. Die Buddhanatur, der Urgrund allen Seins, das *Dao,* sie werden oft mit dem grenzenlosen Raum verglichen, der alles Seiende umfängt und ihm Ausdehnung verleiht. Der Raum ist da auch ohne die Dinge, aber es gäbe kein Ding ohne den Raum. Darum haben chinesische Maler das Eigentliche, den unendlichen Raum, zu malen versucht. Sie haben Leerheit gemalt,

indem sie nichts malten und den seidenen oder papierenen Untergrund unberührt ließen. Nur wenige Dinge setzten sie mit knappen Pinselstrichen ins Bild. In den wenigen ausdrucksstarken Strichen zeigt sich ihre Meisterschaft. Chinesische Betrachter erkennen die Kunde: Der weite Raum ist ewig, vergänglich sind die Dinge dieser Welt. Und noch eins: Der still gewordene Menschengeist ist wie der weite Raum. Dschuang Dse hatte seinen Landsleuten die drei Arten des Hinhörens erklärt: Der Ohren Grenze ist das Hören; des Denkens Grenze sind Ideen und Symbole; der Geist aber ist wie die unbegrenzte Leere, die alles aufnimmt.

Das Feld des künstlerischen Ausdrucks von Religion haben Religionswissenschaftler bislang Kunsthistorikern und anderen Spezialisten für Kunst überlassen bis auf wenige Ausnahmen. Rudolf Otto (1869–1937) zum Beispiel schrieb über »Das Leere in der Baukunst des Islam«. In diesem Text weist er uns unter anderem auf die Kalligraphie hin, in der die heilige Schrift zum heiligen Kunstwerk wird.[1] Er schrieb auch über »Das Numinose in buddhistischem Kunstwerk«, wo er seine Leser drängt: »Man halte alle seine Urteile über Buddha und Buddhismus auf, bis man diese Bilder gesehen hat« (gemeint sind Fotos der Bildwerke von Buddhajüngern in einem Kloster in Schantung).[2] Seinen kurzen Beitrag schließt er ab mit einem Satz, der für die meisten religiösen Kunstwerke gelten dürfte: »Diese Bilder reden jedem, auch ohne Kunstgeschichte, wenn er nur nicht dicke Ohren hat«.

Man könnte die Welt der Religionen nach ihren Heilswegen einteilen, indem man jedesmal fragt, wem das Heil zugedacht wird, dem einzelnen Gläubigen oder aber der einzelnen Gruppe von Gläubigen. Dann scheint es so, als ob ein Ausdruck von Religiosität Heilswegen für den einzelnen Gläubigen vorbehalten wäre, für Buddhismus und ähnliche Religionen. In sogenannten Stammesreligionen dürften sich schwerlich Bilder finden lassen, deren Funktion den Bildern der Vier Ausfahrten oder den Ochsenbildern entspräche. Stattdessen gibt es dort meisterliche Abstraktionen, die das Wesentliche einer Tier- oder Geisterart zum Ausdruck bringen, Bildwerke also, die chinesischen Bildern von der Leerheit nahekommen.

Europäer haben diesen Sachverhalt in Stammesreligionen verändert. Zum einen haben sie einzelne Gläubige gedrängt, allerlei zu zeichnen, beispielsweise was sie in einer Vision sahen oder eine bestimmte Geistergattung. Andererseits hatten Europäer die »Wege der Väter« allerorten und oft mit drastischen Mitteln an den Rand verdrängt, was wiederum zur Voraussetzung für deren Erweckung in unserer Zeit geworden ist. Seit bei Indianern, Afrikanern, Südseeinsulanern und anderswo das Gefühl von Minderwertigkeit in Stolz auf die angestammte Kultur umschlug, wenden sie sich erneut dem bislang verhöhnten Glauben ihrer Vorfahren zu. Ihre Künstler, an Kunsthochschulen der Weißen ausgebildet oder auch als Autodidakten, gestalten alte religiöse Motive neu, weil ihre Landsleute heute verstehen wollen, woran die Ahnen einst glaubten. Hier begegnen wir dem Ausdruck einer modernen Religiosität, die es wert wäre, Neugier auch in Religionswissenschaftlern zu entfachen.

Religiöse Gerätschaften

Als Kolumbus Amerika entdeckt hatte, sammelte er vielerlei Mitbringsel für die Spanier daheim. Andere Kapitäne landeten in Indien, in China und Japan. Dort gab es Kunst- und kunsthandwerkliche Produkte, die sich vorzüglich als Präsent eigneten. Von den Entdeckern bis zu modernen Kreuzfahrtpassagieren, sie machen es alle so. Ein besonders breiter Importstrom exotischer Gegenstände floß während der Kolonialzeit nach Europa. Händler belieferten indische und ostasiatische Abteilungen europäischer Kunstmuseen mit Kostbarkeiten. Missionare und Völkerkundler sammelten Anschauungsmaterial. Sie haben »im Felde« massenhaft religiöse Dinge zusammengetragen und zuhause in Missions- und Völkerkunde-Museen ausgestellt.

Aus religionswissenschaftlicher Sicht entstand eine Sammlung in Marburg an der Lahn. Rudolf Otto hatte, als er noch in Göttingen lehrte, bei der Geburt der *Quellen der Religionsgeschichte* mitgeholfen. In Marburg beantragte er 1926 die Gründung einer religionswissenschaftlichen Lehrsammlung. Im Jahr darauf wurde sie eröffnet. Über seine Absichten schreibt er: »Die Gegenstände des Ritus und Kultus, des religiösen Brauches und der Sitte, Modelle von Tempeln, Kirche, Synagoge und Moschee, Abbildungen von Zeremonien und Feiern, kultisches Schrifttum, typische Bilder religiöser Persönlichkeiten, auch Schallplatten von Kultlied und -Musik, graphische und statistische Darstellungen und was sich sonst vom Leben der Religion sichtbar oder hörbar darstellt, sollen den Inhalt der Sammlung bilden ... Der Zweck unserer Sammlung ist nicht der, den etwa ›Museen für Völkerkunde‹ sich setzen. Es handelt sich vielmehr darum, das eigene, in sich zusammenhängende Gebiet, das der Religionskunde gehört und das seine ihm besonderen Gesichtspunkte und Probleme hat, vor Augen zu stellen. Noch weniger ist sie eine ›Kunstsammlung‹ oder eine Sammlung historischer Denkwürdigkeiten, sie sammelt nicht ›ästhetische‹ oder ›historische‹ Denkmäler, und sie hat kein vorwiegendes Interesse an der ›Kostbarkeit‹ ihrer Objekte. Sie will das Anschauungsmaterial der Religion in echten und in guten Stücken sammeln, aber es genügt ihr, wenn diese hinreichen, bei Studium und Unterricht den schlichten Lehr- und Forschungszweck zu erfüllen. Darum wird sie auch in vielen Fällen sich mit guten Kopien bescheiden können, wo Originale nicht erhältlich oder zu teuer sein würden.«[3]

Die Religionskundliche Sammlung wuchs seit ihrer Gründung beständig weiter. Heute besitzt sie Einzelstücke, wenn auch nicht aus allen, so doch aus sehr vielen Religionen. Ein großer Teil dient dazu, Gelesenes oder in Vorlesungen Gehörtes anzuschauen. Vorlesungen behandeln in der Regel sogenannte Weltreligionen, Themen für viele Hörer. Ausstellungsstücke aus anderen als Weltreligionen reizen an, noch nicht ausgetretene Pfade zu beschreiten. Dafür bieten manche Seminare Gelegenheit. Eine dritte Kategorie schließt Stücke ein, über die man erst wenig weiß. Deren Rätsel aufzulösen verlangt professionelle Forschungsarbeit.

Martin Kraatz, gegenwärtig Leiter der Religionskundlichen Sammlung, ist ein rarer Religionswissenschaftler, weil er sich mit den sichtbaren, den »averbalen« Quellen unseres Fachgebiets befaßt. Albert C. Moore, Professor für Religionswissenschaft an der »University of Otago« in Dunedin auf Neuseeland, tut das auch. Sein Buch *Iconography of Religions* erschien 1977 in London. Er bietet eine systematische Übersicht von Bildwerken vieler Religionen, er typisiert sie und erklärt ihre Bedeutung. Das Buch führt uns auf ein neues Feld religionswissenschaftlicher Forschung, in die »Religionsikonographie«.

Betrachtern vermitteln Gegenstände einen dreidimensionalen Eindruck. Sie kommen der Wirklichkeit nicht nahe, sie sind die Wirklichkeit. Im Hamburgischen Museum für Völkerkunde und

Vorgeschichte kann man ein Versammlungshaus besichtigen, das aus Whakarewarewa auf der Nordinsel Neuseelands stammt. In Worten beschriebene Versammlungshäuser finden sich in manchen Büchern über die Maori. Wer noch keines sah, könnte sich leicht falsche Vorstellungen machen. Aber es gibt auch Aufriß- und Ansichtszeichnungen, die unsere Anschauung wesentlich klären. Natürlich finden sich auch Fotografien von individuellen Häusern, die Betrachtern den künstlerischen Rang und den Reichtum der Motive vor Augen stellen. Dennoch, erst wenn wir nach Hamburg oder Neuseeland kommen und in ein solches Haus eintreten, werden wir wissen, wie ein Versammlungshaus der Maori wirklich ist.

Problematisch bleibt, daß meist nur Einzelstücke ausgestellt sind, die in ihrer religiösen Funktion niemals allein angetroffen werden. In Kunstgewerbemuseen ordnet man Gegenstände wenn möglich zu Zimmereinrichtungen einer Epoche zusammen mit Bildern, Möbeln, Lampen, Geschirr. Ähnliches wäre auch bei religiösen Gegenständen möglich. Man könnte eine Passahtafel oder einen afrikanischen Hausaltar oder einen Tisch aufstellen, wie chinesische Frauen ihn zum Mondfest bereiten. So etwas dürfte den Eindruck abrunden wie das Ganze des Versammlungshauses.

Problematisch bleibt sodann, wie die Gläubigen über ihre heiligen Gegenstände in unsern Museen denken. Einige freuen sich. Der Marburger Religionskundlichen Sammlung zum Beispiel haben japanische Buddhisten Hausaltäre und anderes Kultgerät zum Geschenk gemacht, weil sie möchten, daß Deutsche ein richtiges Bild von japanischer Religiosität bekommen. Andere sind uns gram. Sie zürnen, weil wir ihnen Heiliges wie Kolonialwaren abgehandelt oder geraubt oder beschlagnahmt oder anderswie abgeluchst haben. Zwar bleibt wahr, daß vieles, wäre es nicht in einem europäischen Museum gelandet, heute nicht mehr existierte. Die Tropen, gefräßige Insekten, religiöse Bilderstürmer haben ganze Schiffsladungen voll vernichtet, noch bevor sie ein europäischer Sammler in die Finger bekommen konnte. Was ihre Vorfahren einstmals heilig hielten, blieb in Europa also wenigstens erhalten, wenn auch nicht am Leben. Es kränkt Gläubige, wenn bei uns ihre Dinge, die kein profanes Auge sehen sollte oder denen man sich nur mit Respekt und Ehrfurcht naht, lärmenden Schulklassen und Familien auf dem Sonntagsspaziergang zur Schau gestellt werden.

Das Sammeln von exotischen Gegenständen hat Grenzen. Sammler suchen das Schöne, Kostbare, Seltene. Forscher halten auch noch anderes für wichtig. Was sie nicht nach Europa mitnehmen können oder wollen, das wird abgebildet. Maler waren schon früh bei Expeditionen dabei. Um 1860 wurde die Fotografie für wissenschaftliche Zwecke reif, und seit der Jahrhundertwende hat man Exotisches auch gefilmt.

Abgebildet wurden Landschaften, Pflanzen, Tiere und Menschen. Nackte Menschen, wenn man ihre rassische Eigenart vorführen wollte, kostümierte, wenn es um ihre materielle Kultur ging. Die hat man in allen ihren Aspekten abgebildet: Häuser, Geräte für Ackerbau, Handwerk, Krieg und so weiter. Aber auch Szenen aus dem Leben von »Eingeborenen« ließ man nicht aus, so daß wir heute Bilder von religiösen Tänzen und Zeremonien, Bilder von Priestern und »Medizinmännern« in liturgischem Schmuck und Bilder von mannigfachem Kultgerät besitzen.

Viele dieser Bilder entstanden aus wissenschaftlichem Interesse, das sich meist souverän über alles hinwegsetzt. Auch über Gefühle der Abgebildeten. Fotos für anthropometrische Messungen zum Beispiel gleichen denen in Verbrecheralben: Frontalansicht plus Profil. Dazu wurden, neben anderen, auch Indianer genötigt, die sich bis zum heutigen Tage scheuen, einer Kamera ins Objektiv zu blicken.

Eine Ahnung davon, wie riskant das Abbilden Unwilliger sein konnte, vermittelt uns der Maler Emil Nolde. Er wirkte als »demographisches« Mitglied einer wissenschaftlichen Expedition von 1913 bis 1914 in den deutschen Besitzungen von Neuguinea. Soeben war er eingetroffen. »Von Neugier und Gestaltungsfreude gedrängt, ging ich mit meinem Jungen Tulie und meinem Malmaterial sogleich die halbe Stunde Wegs hinunter zu dem deutschen Lager, wo die Männer der wilden Neuguineastämme ... untergebracht waren, und bald saß ich mit meinen Wasserfarben vor ihnen, zeichnend, malend, mitten zwischen den herrlichen, dunklen, braunen Urmenschen, arbeitend in fieberhafter Spannung mit Lust und Kraft. Mehrere halbfertige Blätter lagen zum Trocknen um mich herum, als ich die Unruhe meines Boys bemerkte, und ich sah eine Spannung über alle Gesichter huschen. Im gleichen

Moment drehte ich mich blitzschnell um und eben noch bemerkte ich, wie eine schräg zugespitzte Bambusstange hinter dem Rücken des wilden Mannes verschwand, den ich eben gezeichnet hatte. Sein Nebenmann saß mit einem ergatterten Küchenbeil in der Hand, es auch sogleich hinter sich verbergend. Es war ein grausiger Moment.«[4]

Der Maler kam noch einmal davon, und er sah seinen Fehler ein: »Ich war leichtsinnig gewesen; die geheimen Gedanken der Wilden kannte ich nicht, ihre Gebräuche, Sitten, ihren Glauben und Gottesbegriff auch nicht. Und ich wußte noch nicht, daß bei fast allen Stämmen der Glaube besteht, daß, sowie einer von einem anderen etwas besitzt, sei es nur ein Haar, in diesem Falle ich ihr Bild, er mit diesem tun kann, was er will.«[5] Emil Nolde blieb fortan auf der Hut. Einen besonders wild blickenden Krieger malte er auf der Insel Manus mit gespanntem Revolver neben und seiner Frau hinter sich, die ihm den Rücken mit ihrem ebenfalls entsicherten Revolver deckte.[6]

Heute noch, oder auch heute erst recht, riskiert handgreifliche Feindseligkeit, wer etwa in Afrika gegen den Willen von Gläubigen ein Heiligtum fotografiert, und sei es auch noch so unscheinbar anzusehen. Die Lehre daraus lautet, Forscher und andere sollten nur dann heilige Gegenstände und heilige Vorgänge fotografieren, wenn auch die Gläubigen es wollen.

Daß Künstler mit »Wilden« auch zusammenarbeiten können, sehen wir am Beispiel von George Catlin (1796–1872). Er war in Wyoming aufgewachsen, war dem Wunsche seines Vaters, eines Advokaten, gefolgt und ebenfalls Advokat geworden, bis er es nicht mehr aushielt und, dem inneren Drang gehorchend, Maler wurde. Er lebte in Philadelphia, wo er eines Tages eine Indianerdelegation auf der Durchreise nach Washington zu sehen bekam. George Catlin war hingerissen und hatte seine Lebensaufgabe gefunden. Zu den Indianern in den fernen Westen wollte er aufbrechen, »und nichts als der Verlust meines Lebens soll mich verhindern, ihr Land zu besuchen und ihr Geschichtsschreiber zu werden«.[7]

Zu jedem Indianerstamm Nordamerikas wollte er reisen und überall Vergleichbares abbilden, angesehene Männer und Frauen, ihre Dörfer, ihre Spiele und so fort. Sodann wollte er eine vollständige Sammlung von indianischen Kunstgegenständen, von Waffen und Kostümen zusammentragen. Schließlich wollte er alles aufschreiben, was er von ihrer Geschichte und über ihren Charakter in Erfahrung bringen konnte.

Nach acht Jahren Forschung erschienen die Ergebnisse seiner Arbeit als Buch. Er war bei achtundvierzig Stämmen zu Gast gewesen und hatte dreihundertzehn Porträts und zweihundert Ansichten von Siedlungen, Spielen und religiösen Bräuchen gemalt. Seine Einstellung zu den Indianern war so unzweideutig wie ungewöhnlich für einen weißen Amerikaner seiner Zeit. Er nennt sie »einen großen und edlen Menschenschlag«, dem er sich näherte, indem er sich »so viel als möglich mit ihnen identifiziert [hat], um mit ihrem Aberglauben und ihren geheimen Bräuchen, welche den Schlüssel zu dem Leben und dem Charakter des Indianers bilden, besser bekannt zu werden«.[8]

Wie der Maler Catlin, so der Fotograf Edward Sheriff Curtis (1868–1952). Er zog 1887 aus Minnesota in den Bundesstaat Washington um, der an den Stillen Ozean und an Kanada grenzt. Dort lebten damals Indianer fast noch ungestört ihr traditionelles Leben. Auf Curtis machten sie einen bewegenden Eindruck. 1896 fing er an, Indianer zu fotografieren, und er schrieb auf, was sie ihm von sich erzählten. 1905 beschloß er, nur noch mit Indianern zu arbeiten. Er wußte damals nicht sicher, wieviele Stämme westlich des Missouri lebten. Doch wie viele es auch wären, für immer wollte er sie am Leben erhalten durch seine Fotografien. 1930 hat Curtis sein Werk beendet. Bei achtzig Stämmen ist er gewesen, mehr als vierzigtausend Aufnahmen hat er gemacht. Das waren keine leichten Jahre für ihn, denn lange mußte er sein kostspieliges Unternehmen allein finanzieren. Was dabei herauskam, wurde in einem teuren zwanzigbändigen Werk zusammengestellt, von dem freilich nur zweihundertundsiebzig Exemplare gefertigt werden konnten. Jeder Band umfaßt einige hundert Seiten Text und fünfundsiebzig plus einem Portfolio mit weiteren sechsunddreißig fotografischen Aufnahmen.

Beim Filmen sind amerikanische Forscher auf den Gedanken gekommen, mit Gläubigen nicht nur zusammenzuarbeiten, sondern ihnen allein Auswahl und Anordnung der Dokumentation zu überlassen. Auf diese Weise würde dokumentiert, was ihnen und nicht was dem forschenden Fremden wichtig erscheint. Der Kommunikationswissenschaftler Sol Worth und der Kulturwissenschaftler John Adair lehrten junge Navajo, mit Filmen und Kamera umzugehen. So entstanden in den Jahren 1966 bis 1968 sieben Filme, zwischen neun und zweiundzwanzig Minuten lang, die neben handwerklichen Verrichtungen auch Glaubensvorstellungen und Mythologisches der Navajo sichtbar machen, ohne Worte versteht sich.

Was Maler, Zeichner, Fotografen, Filmer, Tonaufnehmer dokumentiert haben, es ist längst unübersehbar viel geworden, und von Jahr zu Jahr wird es mehr. Religionswissenschaftler bildeten bei der Entdeckung religiöser Texte die Vorhut. Beim Sammeln religiöser Bilder zählen sie, sofern sie überhaupt mitgehen, zur Nachhut. Hierin halten Völkerkundler die Spitze. Sie taten es von Anfang an. Die erste große fotografische Dokumentation haben Beamte des britischen »Indian Service« in dem achtbändigen Werk *The People of India* 1868 der Welt vorgelegt. Und es war die »Cambridge Anthropological Expedition«, die 1898 zu den Inseln der Torres-Straße aufbrach und erstmals eine Filmkamera mitnahm.

Th. P. van Baaren, Professor für Religionswissenschaft in Groningen, forschte besonders über sogenannte Stammesreligionen. Dabei kam ihm viel völkerkundliches Material vor die Augen. Er war es, der allen Kollegen vom Fachgebiet Mut zum Bild predigte: »Wir sind auch in der Lage, einen Velasquez oder El Greco zu bewundern, ohne zuvor Studien über das Spanien des 16. und 17. Jahrhundert machen zu müssen. Es gibt die Möglichkeit eines direkten persönlichen Kontakts zwischen einem Kunstwerk und dem Betrachter, und dieser Kontakt ist eine der Voraussetzungen auch alles wissenschaftlichen Redens über die primitive Kunst.«[9]

In Groningen entstand durch van Baaren Anfang der sechziger Jahre das Institut für Religionsikonographie, an dem die Buchreihe *Iconography of Religions* gemacht wird. Institut und Publikation betreut inzwischen Hans Kippenberg. Auch er möchte dem erdrückenden Übergewicht von Studien des intellektuellen Ausdrucks von Religion Studien des visuellen Ausdrucks an die Seite stellen. Ikonographisches Material ist »eine authentische Quelle erster Ordnung für das Studium der Religion«.[10]

Quellen für Religionswissenschaftler bleiben Bilder selbst dann, wenn sie gestellt sind. Maler arbeiten so und frühe Fotografen mit feststehenden, unhandlichen Kameras taten es auch. Sie wollten ihre mühevolle Arbeit nicht an unwesentliche Gestalten, Gebärden oder Szenen verschwenden. Sie wollten Wesentliches zeigen, Wesentliches freilich, wie sie es sahen. Und was sahen sie im wesentlichen? Das ist die Frage. Es gab nämlich Maler und Fotografen, die auf Exotisches aus waren, andere auf Erotisches, wieder andere sahen auf die »Wilden« herab, was man ihren Bildern anmerkt. Noch andere, wie Catlin und Curtis, achteten sie, und auch das zeigen ihre Bilder, obschon sie gestellt sind.

Als Kameras und Filmmaterial für Schnappschüsse reif geworden waren, konnte man Vorgänge ablichten, während sie sich abspielten. Seither ist es möglich, etwa einen Ritus fotografisch Schritt für Schritt zu dokumentieren. Das tat man, um ein Beispiel zu nennen, mit dem »Sonnentanz« der Lakota.[11] Durch diese Dokumentation kommt jeder zu einer deutlichen Vorstellung von einer Zeremonie, bei der die Indianer nicht jeden zusehen lassen.

Selbst manche Filme sind gestellt. Regisseure dachten sich eine Liebes- oder Kriminalgeschichte aus und ließen »Eingeborene« diese Geschichte spielen. Wiederum waren die Menschen, ihre Riten und Gerätschaften echt, während der Handlungsfaden das Interesse europäischer Zuschauer wachhalten sollte.

Es gibt indessen religiöse Kulte, in denen weder Kultgewänder noch Kultgeräte noch Kultbilder noch Kultworte vorkommen. Solche Riten lassen sich, wenn überhaupt, durch einen Film dokumentieren. Die !Kung Buschmänner beispielsweise, wenn sie Heilkraft erlangen wollen, tanzen eine Nacht lang. Sie nennen das »Zusammenkommen, um Kraft wirken zu lassen«. Sie tanzen und singen im Freien, Feuer sind angezündet, sakrales Beiwerk gibt es nicht. Die Männer tanzen stampfend und einige fallen in Trance. Die Frauen singen dazu Lieder ohne Worte. Eine solche religiöse Zeremonie wurde von Frank Galvin, Robert Gesteland und Nicholas England in einem zwanzigminütigen Film von starker Ausdruckskraft dokumentiert.[12]

Anderen Riten wiederum fehlt die Bewegung, so daß Tonbänder oder Schallplatten Wesentliches dokumentieren. Zum Beispiel vom *Pirit*-»Singen« buddhistischer Mönche in Sri Lanka. Dort beginnt frühmorgens das tägliche Radioprogramm mit *Pirit.* Ohne *Pirit* kann auch anderes nicht beginnen, weshalb der Sprechgesang neue Läden, neue Schulen, neue Büros eröffnet. Rezitiert werden bestimmte Texte des Palikanon. Das geschieht zum Segen der Hörer. Das »Singen« wirkt segensreich, weil die Worte vom

Buddha stammen und seine Lehre verkünden. Auch als bloßer Laut können sie wirken. Das soll die Geschichte von zwei Mönchen belegen, die einst in einer Höhle eine Zeitlang die heiligen Sätze laut aufsagten, während von der Decke viele hundert Fledermäuse hingen. Das Hören allein habe genügt, die Tiere nach dem Sterben zu *Deva* (»Göttern«) werden zu lassen, die später als Menschen wiedergeboren wurden und als Buddha-Jünger endlich auch den Sinn jener Laute verstehen lernten. Schließlich haben viele Singhalesen die segensreiche Wirkung von *Pirit* am eigenen Leibe erfahren. Etwa bei der großen Malaria-Epidemie im Jahre 1935, die endete, nachdem Mönche wochenlang rezitierend durch alle Straßen gezogen waren. Schallplatten mit *Pirit*, »gesungen« von hochverehrten Mönchen, werden von Singhalesen erworben und zuhause wieder und wieder abgespielt.

Religionswissenschaftler, wenn sie aufhörten, allein mit Texten zu arbeiten, würden bald nicht mehr über fremden Glauben reden wie ein Blinder über eine Landschaft, die ihm Sehende mit Worten beschreiben. Alle unsere Sinne sollten wir nutzen, weil auch die fremden Gläubigen, um fromm zu sein, keinen ihrer Sinne verstopfen. Das Bild vom Elfenbeinturm, was meint es, gemünzt auf Religionswissenschaftler? Wenn sie über »Mazzot« sprechen und sich nur an der Etymologie der Bezeichnung und nicht auch am Geschmack des ungesäuerten Brotes interessiert zeigen. Wenn sie Sanskrittexte nur vom Lesen kennen und es sie nicht drängt, Brahmanen rezitieren zu hören. Wenn sie Theorien über Riten entwickeln, während ihre Nasen indisches von indianischem Räucherwerk nicht unterscheiden könnten.

3. Religiöse Menschen

Stufen der Annäherung: Vom Anstarren zum Anreden

Kolumbus und seine Matrosen brachten aus Amerika nicht nur leblose Dinge mit. Wie von Papageien und anderem Getier, hatten sie männliche und weibliche Exemplare auch von Indianern an Bord geholt. Noch im letzten Jahrhundert zogen Schausteller durch Europa, die dem staunenden Publikum neben Löwen und Affen farbige Menschen vorführten. Erst um die Jahrhundertwende veränderte sich allmählich die Einstellung mancher Europäer gegenüber den fremden Gestalten, die sie in Menagerien zu sehen bekamen. Sprachwissenschaftler hatten inzwischen begonnen, »Eingeborenensprachen« zu erforschen. Weil sie grammatische Formen aus linguistisch ungebildeten »Wilden« am schnellsten herausbekamen, wenn sie sich etwas erzählen ließen, fielen mit der Zeit mancherlei Geschichten, Fabeln, Lieder und Sprichwörter ab. Solche mündliche Literatur hat man übersetzt und dem lesenden Publikum in Deutschland und anderswo vorgestellt. »Und alle sahen mit Erstaunen, daß der Neger denkt und fühlt, wie wir selbst denken und fühlen«. So steht es in der Einleitung zu *Geschichten und Lieder der Afrikaner,* die A. Seidel 1896 in Berlin veröffentlicht hat.

Auf der nächsten Stufe wurden Fremde zu »Gewährsleuten« nicht nur für Sprach-, auch für Religionsforscher. Man hat aus ihnen herausgefragt, was man wissen wollte, und man wollte wissen, was man kannte. So kam es, daß fremde Gläubige nach dem gefragt wurden, was Europäer an einer Religion für wichtig halten: Wie ist euer Gottesbegriff? Wie ist euer Sündenbegriff? Wie ist euer Opferbegriff? Wie ist euer Glaubensbegriff? Und so weiter. Viele Frager verblüffte die »Primitivität« der Religion jener Gläubigen, weil deren Glaube mit christlicher Dogmatik so gar nicht in Einklang stand.

Dennoch, Forscher haben vor hundert und mehr Jahren Überlieferungen sammeln können, die in ihrem Ursprungsgebiet vielleicht heute schon vergessen sind. Freilich haben manche dieser Sammlungen in Europa den Eindruck noch verstärkt, sie gehörten zu »primitiven« Religionen, »primitiv« im Sinne von kindisch. In der Tat, viele der aufgeschriebenen religiösen Geschichten dürften Kindern erzählt worden sein. Das Eigentliche, die Theologie jener Religionen, betrifft Leute von außerhalb des Stammes nicht. Fremde geht ihr Glaube so wenig an wie sie der Glaube von Fremden. Weitere Sperren gibt es innerhalb der Religionen. Zugang zu den wesentlichen Überlieferungen der Ahnen erhält nur, wer schwer wiegende Verantwortung tragen kann und will. Kindern darf man sie nicht anvertrauen. Aber Kinder stellen unentwegt neugierige Fragen. Deshalb antwortet man ihnen mit Geschichten, die das kindliche Gemüt zufriedenstellen. Was lag näher, als Fremden, die in ihr Dorf kamen und neugierig nach geheimen Dingen fragten, Kindergeschichten zu erzählen?

Übrigens, Europäer machten zur Kolonialzeit keinen großen Unterschied zwischen Gläubigen sogenannter Hoch- und sogenannter primitiver Religionen. In europäischen Augen lag das, was an Hochreligionen »hoch« war, in historischer Ferne, während farbige Zeitgenossen religiösen Abstieg bewiesen. Japaner, Chinesen, Inder, Araber, Afrikaner, Indianer, Polynesier, sie galten alle als dürftig, weil ihnen europäische Zivilisation mangelte.

Als die Kolonialzeit endete, begann die dritte Stufe europäischer Annäherung. Im Jahre 1959 erschien ein Aufsatz des kanadischen Religionswissenschaftlers Wilfred Cantwell Smith, der seine Fachgenossen auf die veränderte Forschungslage hinwies.[1] Seit dem Ende des Zweiten Weltkrieges reisen immer mehr Menschen in ferne Länder; seither kommen immer mehr Menschen aus der Ferne in unsere Länder; und Religionswissenschaftler, sofern sie englisch schreiben, werden auf der ganzen Welt gelesen, auch von Gläubigen, über deren Glauben sie sich auslassen. Das und vieles mehr führt zu einer lebendigen Begegnung *(a living encounter)* zwischen Religionen, das heißt zwischen Menschen verschiedenen Glaubens.

Bisher hatten Religionswissenschaftler fremde Religionen studiert wie ein »es«, unpersönlich und betont »objektiv«. Dann waren auch die Gläubigen ins Bild gekommen und man studierte »sie«. Das tun viele noch immer so unpersönlich und auf Distanz bedacht wie möglich. Neu ist, was Wilfred Cantwell Smith die »Personalisierung« der Religionswissenschaft nennt. Sie betrifft beide, Erforschte wie Forscher, so daß auf der personalisierten Stufe »wir« über »sie« reden. Auf unpersönliche Weise gelingt so etwas freilich nicht mehr.

Der Kernsatz seiner Ausführungen lautet: *»the study of religion is the study of persons«.*[2] Was Menschen wichtig ist, dürfen Forscher nicht damit verwechseln, was jeder sehen kann. Religiöse »Äußerlichkeiten« *(externals of religion)* wurden schon immer erforscht. Neu ist die Frage: »Was bedeuten sie den Gläubigen?«

Diese Wendung zu den Menschen hin hat für die Religionswissenschaft Folgen. »Was ich über den Islam als lebendigen Glauben sage«, schreibt Wilfred Cantwell Smith, »gilt nur insoweit, als Muslime dazu ›Amen‹ sagen können«.[3] Fortan werden Aussagen über eine Religion hieran gemessen: nur was deren Gläubige bestätigen könnten, ist religionswissenschaftlich wahr.

Die drei Stufen europäischer Annäherung an Nicht-Europäer entwickelten sich eine nach der anderen, ohne die älteren zu beenden. Sie bestehen bis heute fort. Nach Europa holt man keine Fremden mehr, um sie anzustaunen. Jetzt lädt man unser Publikum in Flugzeuge und dann in Busse, die zu fremden Dörfern fahren. Dort betreten sie ungeniert Höfe und Tempel, spähen in Wohn- und Schlafstuben, fassen alles an, fotografieren alles, geben ein Trinkgeld, und schon sind sie wieder verschwunden. Auf der zweiten Stufe werden auch heute noch religiöse »Gewährsleute« nach dem Schema der christlichen Glaubenslehre abgefragt. Und die dritte Stufe, wo wir fremde Gläubige als Maßstab unseres Wissens über ihre Religion gelten lassen, haben noch nicht einmal alle Religionswissenschaftler betreten.

Doch wie dem auch sei, lebendige Begegnungen mit fremden Gläubigen bereichern unser Wissen über deren Glauben, daran dürfte niemand mehr zweifeln. Wie also sollten wir sie fragen, wenn wir entdecken wollen, was ihnen diese oder jene sichtbare Seite ihrer Religion bedeutet? Da gibt es seit jeher die Befragung, wobei der Frager das Steuer in der Hand behält und bestimmt, in welche Richtung die Erkundung geht. Anders ist das Gespräch, wobei alle die Richtung bestimmen, mal hin, mal her, weil keiner immer nur antwortet, sondern auch Fragen stellt. Schließlich gibt es noch die Belehrung, wobei Forscher zu begreifen suchen, worin sie von fremden Gläubigen, auf deren Weise wohlgemerkt, unterwiesen werden.

Befragungen

Manche Staaten bedienen sich der Volksbefragung: die Regierung legt der Bevölkerung eine Frage vor, und die Leute sagen dazu »ja« oder »nein«. Meinungsforscher verfahren mit einem repräsentativen Durchschnitt ähnlich, nur halten sie noch eine dritte Antwort bereit für Unentschiedene. Wo es um die große Zahl, um den Durchschnitt geht, würden individuelle Abweichungen und Einschränkungen die Antworten um ihre Eindeutigkeit bringen.

Derartige Befragungen werden von Spezialisten entworfen und ausgewertet. Manchmal bilden sie die Grundlage religionssoziologischer Analysen. Die meisten Religionswissenschaftler verfügen jedoch weder über die technische Organisation noch über die finanziellen Mittel, ohne die keine repräsentative Befragung von Gläubigen zustandekommt. Ihnen bleibt nur das andere Verfahren. Aber das ist kein Verlust, da es anderswohin führt: Statt in die Breite geht es in die Tiefe.

Ein Beispiel mag des Lesers Verwirrung klären, wie das gemeint sei. Damit sich ihre Eigenart deutlich zeigen kann, wird eine religionsgeschichtliche Befragung ausführlich zitiert. Für die Nachwelt aufgezeichnet hat sie der Amerikaner James R. Walker[4], der lange als Arzt unter den Lakota wirkte und dem wir wichtiges Material über deren Glauben verdanken. Am 25. März 1914 befragte Walker einen angesehenen Priester der Lakota namens Finger:

Finger: »Was willst du wissen?« – Walker: »Als du die Sternschnuppe sahst, riefst du mit lauter Stimme ›*Wohpa. Wohpi-i-i*‹. Warum?« – Fi.: »Weil das *wakan* ist.« – Wa.: »Was ist *wohpa*?« – Fi.: »Es ist das, was du gesehen hast. Es ist ein fallender Stern.« Wa.: »Was bewirkt, daß ein Stern fällt?« – Fi.: *»Taku Skanskan.«* –Wa.: »Warum verursacht *Taku Skanskan* das Fallen von Sternen?« – Fi.: »Weil Er alles, was fällt, fallen läßt, und alles, was sich bewegt, das läßt Er sich bewegen.« – Wa.: »Wenn du dich bewegst, was führt deine Bewegung herbei?« – Fi.: *»Skan.«* – Wa.: »Wenn ein Pfeil von einem Bogen abgeschossen wird, was vollbringt, daß er durch die Luft fliegt?« – Fi.: *»Skan.«* – Wa.: »Was verursacht, daß ein Stein, den ich loslasse, auf die Erde fällt?« – Fi.: *»Skan«*. – Wa.: »Wenn ich den Stein vom Boden aufhebe, was bewirkt diese Bewegung?« – Fi.: »*Skan.* Er gibt dir die Kraft, den Stein zu heben, und Er ist es, der jedwede Bewegung bewirkt.« – Wa.: »Hat der Bogen etwas mit der Bewegung des Pfeils zu tun, der von ihm abgeschossen wird?« – Fi.: »*Taku Skanskan* leiht dem Bogen den Geist und der bewirkt, daß er den Pfeil von sich abschnellt.« – Wa.: »Was läßt Rauch aufsteigen?« – Fi.: *»Taku Skanskan.«* – Wa.: »Was läßt das Wasser eines Flusses strömen?« – Fi.: *»Skan«*. – Wa.: »Was läßt die Wolken über die Erde hinziehen?« – Fi.: *»Skan.«* – Wa.: »Sind *Taku Skan* und *Skan* derselbe?« – Fi.: »Ja. Wenn die Leute ihn anreden, sagen sie *Taku Skanskan.* Wenn ein Priester von ihm spricht, sagt er *Skan. Skan* gehört zur *Wakan*-Sprache der Priester.« – Wa.: »Sind *Skan* und *Wakan Tanka* derselbe? – Fi.: »Ja.« – Wa.: »Ist er *Wakan Tanka Kin*?« – Fi.:

»Nein, das ist *Wi*, die Sonne.« – Wa.: »Sind *Wi* und *Skan* ein und derselbe?« – Fi.: »Nein, *Wi* ist *Wakan Tanka Kin*, und *Skan* ist *Nagi Tanka*, der Große Geist.« – Wa.: »Alle beide sind *Wakan Tanka*?« – Fi.: »Ja.« – Wa.: »Gibt es außer *Wakan Tanka* noch andere *Wakan*?« – Fi.: »Ja, *Inyan*, den Fels, und *Maka*, die Erde.« – Wa.: »Gibt es noch weitere?« – Fi.: »Ja, *Wi Han*, den Mond, *Tate*, den Wind, *Wakinyan*, die Geflügelten und *Wohpe*, die Schöne Frau.« – Wa.: »Gibt es noch mehr, das *Wakan Tanka* ist? – Fi.: »Nein.« – Wa.: »Demnach gibt es acht *Wakan Tanka*, nicht wahr?« – Fi.: »Nein, es gibt nur einen.« – Wa.: »Du hast acht genannt und sagst, es sei nur einer. Wie ist das möglich?« – Fi.: »Es ist wahr, ich habe acht genannt. Es gibt vier: *Wi*, *Skan*, *Inyan* und *Maka*. Sie sind *Wakan Tanka*.« – Wa.: »Du hast vier andere erwähnt: den Mond, den Wind, die Geflügelten und die Schöne Frau, und du hast gesagt, sie seien *Wakan Tanka*, nicht wahr?« – Fi.: »Ja. Aber diese vier sind dasselbe wie *Wakan Tanka*. Sonne und Mond sind dasselbe, *Skan* und der Wind sind dasselbe. Fels und Geflügelte sind dasselbe, die Erde und die Schöne Frau sind dasselbe. Diese acht sind nur einer. Die Priester wissen, wie das ist, aber die Leute wissen es nicht. Es ist *wakan* (ein Geheimnis) ...«

James Walker fragte weiter. Lakota hätten ihm eine Sache so und so erklärt, stimmt das? Der Priester bestätigt oder berichtigt. Er weist auch darauf hin, daß unterschiedliche Priester unterschiedliche Meinungen über eine Sache hätten, die sich wiederum als priesterliches vom allgemeinen Wissen der Leute unterscheiden.

Unser Beispiel macht einige Schwierigkeiten sichtbar. Als erstes müssen wir jemanden finden, der auf unsere Fragen antworten kann und antworten will. Auch der Priester Finger verlangte zu hören, warum der weiße Forscher ihn befragen wollte. Dann gilt es, sich einzufühlen, so gut man irgend kann. Zum Beispiel bringen Indianer zu bestimmten Glaubenssachen an falschen Orten und zu falschen Zeiten kein Wort über die Lippen.

Auch ein Mangel der Befragung wird deutlich. Es ist die starre Richtung, vom Frager fixiert. Er fragt, was er für wichtig hält. Der Befragte weiß, was ihm wichtiger wäre, und was, gemäß der Regel von Wilfred Cantwell Smith, der Wahrheit, religionswissenschaftlich gesehen, näher läge. Doch er sagt es nicht. Vielleicht verbietet es ihm seine Höflichkeit. Bestimmt hindert ihn das Modell der Befragung, das seine Rolle als Befragter eingrenzt.

Paul Tillich (1886–1965) reiste 1960 für neun Wochen nach Japan, wo er Vorlesungen hielt, besichtigte, besuchte und Philosophen, Theologen und Priester sprach. Die Summe aller Eindrücke war eine neue Erkenntnis, die Tillich als Versprechen zum Ausdruck brachte: »Ich werde von jetzt an jeden westlichen Provinzialismus in meinem Denken und Arbeiten bekämpfen.«[5]

Ein Gespräch war ihm ganz besonders in Erinnerung geblieben. »Der Zen-Meister Hisamatsu, den ich schon von Harvard her kannte, zeigte uns den berühmten 700 Jahre alten Felsengarten, der mit seinem Tempel verbunden ist. Der Garten, der nicht größer als ein länglicher Hof ist, wird von einer überraschend farbigen Mauer umschlossen. Die Natur hat sie selbst in ungefähr 500 Jahren hervorgebracht. Der Boden besteht aus Kies, der in einem bestimmten Muster geharkt ist; aber noch imposanter sind die ungefähr 15 Felsen, die zu zwei oder drei in Gruppen angeordnet sind. Ihre Entfernung zueinander, ihre Zuordnung in Höhe und Breite stellen eine vollkommene Harmonie dar. Nach der Besichtigung des Gartens kam es zwischen Mr. Hisamatsu und mir zu einer mehr als einstündigen Diskussion darüber, ob der Felsengarten und das Universum identisch seien (die Auffassung der Buddhisten) oder nicht identisch, aber durch Partizipation geeint (meine Auffassung). Noch so viele Bücher über dieses Problem hätten dieses persönliche Gespräch nicht ersetzen können.«[6]

Den letzten Satz sollten wir im Gedächtnis behalten, oder besser noch, wir sollten ihn allgemein gültig formulieren: Gründlicher als Lesestoff kann ein Gespräch Probleme klären. Bücher sind für viele geschrieben, während ein kluger Gesprächspartner auf unser Mißverständnis eingehen wird. Er kann anhalten, wo ein Autor fortfährt; er kann so viele Exkurse machen, wie er braucht, was man Autoren nur ungern gestattet; er kann aus unseren Antworten ablesen, ob und wieviel wir begriffen haben, während ein Autor die Einwände seiner Leser nicht hört.

Aspekte eines fremden Glaubens ans Licht zu bringen, das streben Religionswissenschaftler an, wenn sie Gespräche mit Gläubigen einer fremden Religion suchen. Paul Tillich war Theologe und Religionsphilosoph, er hatte andere Ziele. Glaubenslehrer und Sinnforscher diskutieren, indem sie ihre Sicht einer Sache gegen die Sicht des Gesprächspartners setzen. Lernen sie durch ein Gespräch ihre Sicht auch noch aus neuer Perspektive sehen, dann fühlen sie sich gut.

Ein drittes Ziel setzen sich Theologen mit dem »Dialog«. Er soll Religionen einander näherbringen. Ein theologisches Programm ist der »Dialog«, seit politisch unabhängig gewordene Staaten der Dritten Welt den Einfluß eingeborener Religionen fördern und den Einfluß europäischer Missionare beschneiden. Miteinander reden braucht indessen mehr als nur guten Willen. Wie vertrackt ein Gespräch zwischen Vertretern verschiedener Religionen ausfallen kann, führt uns ein weiteres Beispiel vor.

Es stammt von Klaus Klostermaier. Bevor er Professor für Religionswissenschaft an der »University of Manitoba« in Winnipeg wurde, war er katholischer Theologe. Als solcher hatte er an der Vaishnava-Hochschule im indischen Vrindaban den »St. Peter's Chair for Christian Philosophy« übernommen. An jedem Morgen traf man sich für eine Stunde zum interreligiösen Gespräch: ein Vaishnava-Swami, ein Philosophieprofessor, der sich zum Vedanta-Advaita bekannte, ein Sikh-Professor, ein Bhakta, ein junger Hindu der fortschrittlichen Richtung und der Christ: »Es dauerte einige Wochen, bis wir die nötigsten Äußerlichkeiten voneinander wußten, um ohne allzu ernstliche Zwischenfälle ein Gespräch über wesentliche Dinge beginnen zu können. Es war, wie wenn jeder von uns einige neue Sprachen lernen müßte: Viele der Wörter, die wir gebrauchten und die jeder als ›selbstverständlich‹ ansah, hatten für die meisten Gesprächspartner eine ganz andere Bedeutung – oder viele andere Nebenbedeutungen. So bestand ein großer Teil unseres ›Dialogs‹ darin, einfach zu erzählen, wie ein bestimmter Begriff in unserer jeweiligen Tradition gebraucht wird. Jeder mußte viel dazulernen.«[7]

Klaus Klostermaier beschreibt, wie eines jener Morgengespräche verlief. Man kam auf die christliche Gottesvorstellung: Gott spricht zu den Menschen, er ist Liebe, hat bestimmte Eigenschaften und einen Leib. So denken auch Vaishnava über Gott. Es heißt aber auch »Gott ist Geist«, er ist das Absolute, nicht sichtbar und unendlich. Ähnlich denken die Anhänger von Shankaras Advaita-Lehre. Die Dreieinigkeit, die Liebe zum Vater, der heilige Geist und so weiter, das Gespräch wogte her und hin, man erkannte Ähnlichkeiten, die sich bei genauem Hinsehen als doch nicht so ähnlich erwiesen. »Mir war viel aufgegangen«, schreibt der christliche Professor, »ich hatte viel von der theologischen Selbstsicherheit verloren, die ich aus dem Seminar mitbekommen hatte. Wie wenig es beim Sprechen über Gott doch um Gott geht – wie sehr ist es der Mensch, der sich auch darin hervortun will. Später hatte ich viele Begegnungen, doch wir sprachen kaum jemals über Gott. Eigenartigerweise sagten mir auch meine Freunde, mit denen ich diese Begegnungen hatte, daß ihnen, wenn wir beisammensaßen und schwiegen, oft mehr Dinge aufgingen, als wenn wir sprachen.«[8]

Gründlicher als Lesestoff kann ein Gespräch Probleme klären, so lehrte unser erstes Beispiel. Das zweite macht eine wichtige Einschränkung: Über Formulierungen zu reden, führt vom Eigentlichen ab. Oder anders gesagt, man sollte Gott nicht mit irgendeinem Gottesbegriff verwechseln, und man sollte solche Verwechslungen bei allen religiösen Themen sein lassen.

Übrigens, es gibt auch religionswissenschaftliche Selbstsicherheit, die zu verlieren Gespräche einen guten Anlaß bieten. Doch unterscheidet Theologen und Religionswissenschaftler, wenn sie Gespräche führen, etwas anderes. Theologen wollen, daß ihre Religion richtig verstanden wird, und sie wollen auch die fremde Religion richtig verstehen. Religionswissenschaftler wollen nur das letztere. In Gesprächen hoffen sie, Unverständliches begreifen zu lernen und zu erfahren, ob sie anderswo Gelerntes richtig begriffen haben. Ihre eigene Religion kommt nicht als Thema ins Gespräch, höchstens als »Brille«, als Hindernis beim Begreifen.

Nicht immer akzeptieren Gläubige unsere Form der Annäherung. Auch hierfür ein Beispiel: Im September 1977 veranstaltete die Kanadische Gesellschaft für Religionswissenschaft ein Symposium, zu dem Gelehrte und Indianer eingeladen waren. Die Gelehrten hielten Referate, mit den Indianern sprach man in Seminaren. Weil Gelehrte sich schon öfter beklagt hatten, daß sich bei solchen Gesprächen selten etwas Neues ergebe, verschickte man Unterlagen im voraus an die »Medizinmänner«. Einige hielten sich an die vorgeschriebenen Fragen über Mythen und Riten, andere weigerten sich, auf bestimmte Themen einzugehen. Das hing zusammen mit »der Meinung, daß heiliges Wissen weder öffentlich gelehrt noch diskutiert werden kann. Es muß auf der Ebene persönlicher Entdeckung und Eingebung gelernt werden. Fast ebenso wichtig war die echte religiöse Überzeugung, daß einige Wahrheiten geheim sind, ihrem Wesen nach nur einer Elite und begrenzten Gruppen zugänglich. Es bleibt ein wichtiges Problem für Gelehrte der Religionswissenschaft, wie sie mit Phänomenen umgehen sollen, deren religiöse Art es unmöglich macht, sie in anderer als einer religiösen Situation zu präsentieren.«[9]

Dreierlei haben die Beispiele uns gezeigt:

– Gespräche vertiefen unser Verständnis für das, was wir aus Büchern lernen konnten.

– Über Unwesentliches läßt es sich leichter reden als über Wesentliches.

– Für Wesentliches taugt eine andere Art von Gespräch besser als die wissenschaftliche Diskussion.

Natürlich behält auch die wissenschaftliche Diskussion ihren Wert, denn »was wir einander sagen oder zu sagen versäumen, kann wichtig sein. Was eine Generation von Gelehrten lehrt, kann für die nächste zu politischen Symbolen werden.« So schreibt der Direktor des »Center for the Study of World Religions« der Harvard-Universität, an dem das interreligiöse Gespräch ein wichtiger Programmpunkt wurde. Doch nennt er auch eine Einschränkung. »Das Medium gelehrter Unterhaltung *(scholarly conversation)* ist nur dann sinnvoll, wenn alle davon überzeugt sind, daß zu diskutierende religiöse Fragen sich auf Menschen *(persons)* beziehen und fruchtbar in zwischenmenschlicher *(interpersonal)* Kommunikation ergründet werden können. Einigen von uns scheint das selbstverständlich, doch es gibt viele interkulturelle Studien in ›Colleges‹ und Universitäten, bei denen solche zwischenmenschliche Kommunikation für wenig oder für gar nicht wichtig erachtet wird, daß sie womöglich einer ordentlichen ›wissenschaftlichen‹ *(›scientific‹)* Analyse zum Schaden gereiche. Das haben westliche Akademiker der vergangenen Generation mit Nachdruck behauptet, was wiederum die Gründer des Zentrums dazu brachte, eine neue Richtung vorzuschlagen. Die Notwendigkeit, westliche akademische Objektivität hier und da zu korrigieren, ist noch fast so groß wie vor einer Generation.«[10]

Wer einen anderen befragt, will etwas Bestimmtes wissen. Zielstrebig steuert er auf sein Ziel zu. Die ein Gespräch führen, tasten sich einer an den anderen heran. Sie suchen eine Sache von möglichst allen Seiten zu erörtern. Wer belehrt wird, überläßt es dem Lehrer, Ziel und Gangart zu bestimmen. Möglicherweise empfinden einige solche »Passivität« als Zumutung für Wissenschaftler. Vielleicht wären sie auch überfordert, denn in religiösen Dingen belehrt zu werden, verlangt die Umkehrung des Üblichen: Anstatt zu reden, gilt es den Mund zu halten, anstatt vorauszueilen, gilt es zu folgen, anstatt seine Gedanken laufen zu lassen, gilt es zuzuhören, anstatt auf Einwände zu sinnen, gilt es, Urteile zurückzustellen. Wer das nicht gelernt hat, und es ist nicht eben leicht zu lernen, der läuft Gefahr, Wichtiges zu überhören oder, was schlimmer wäre, dem Lehrer den Mund zu verschließen.

Es gibt Wissende, die sich jedermann zu lehren verpflichtet haben. Alle, die beispielsweise buddhistische *Satipatthana*-Meditation lernen, haben Anspruch auf tägliche Belehrung durch den Meditationsmeister, als Gruppe und auch einzeln. Andere Wissende suchen sich aus, wen sie lehren. Der indische Guru bestimmt, wer sein Schüler wird. Das tun auch »Medizinmänner« und »Medizinfrauen« in sogenannten Stammesreligionen. Sie alle erwählen sich Schüler unter ihren Glaubensgenossen, nicht unter Religionswissenschaftlern von auswärts. Das ist die Regel, doch sie läßt Ausnahmen zu. Das Mindeste, was Religionswissenschaftler qualifizieren kann, sind Ehrlichkeit und Respekt. Ehrlichkeit schließt verborgene Zwecke aus. Viele Wissende fürchten nämlich, aus Erfahrung klug geworden, daß ihre Belehrungen, journalistisch aufgeputzt, verhökert werden. Respekt verbietet Missionierungsversuche, sei es für eine andere Religion, sei es für eine rationalistische oder materialistische Weltsicht.

Ein klassisches Beispiel für solche Belehrung lernen wir durch Marcel Griaule (1898–1956) kennen, der als Afrikanist an der Sorbonne in Paris lehrte. Fünfzehn Jahre lang war er mit jüngeren Forschern zu den Dogon gereist, die südlich von Timbuktu im Gebiet des Nigerbogens im damals noch französischen Sudan und heute in Obervolta leben. Im Oktober 1946 wurde Marcel Griaule zu einem alten blinden Jäger gerufen, der Ogotemmeli hieß. Als dieser noch ein Kind war, verlor er durch die Pocken ein Auge. Viele Jahre später war ihm auf der Stachelschweinjagd die Flinte explodiert und hatte sein Gesicht und das noch sehende Auge verwüstet. Sein Großvater hatte ihn in die Geheimnisse der Religion einzuweihen begonnen, als Ogotemmeli fünfzehn Jahre alt war. Nach dem Tode des Großvaters wurde der Vater sein Lehrer. Mehr als zwanzig Jahre hat die religiöse Lehrzeit gedauert. Dieser Wissende hatte die Forschungen der Weißen in seinem Dorf aufmerksam verfolgt und fünfzehn Jahre gewartet. Dann war er entschlossen, dem Expeditionsleiter sein Wissen zu offenbaren. Dreiunddreißig Tage dauerten die Belehrungen des Franzosen, die »das Gerippe eines Weltsystems bloßlegten, dessen Kenntnis alle Vorstellungen, die man sich bis dahin über die Mentalität der Schwarzen und die Mentalität der Primitiven im allgemeinen gemacht hatte, über den Haufen warfen«.[11]

Am Ende des Abschnitts über »Religiöse Menschen« als Quellen religionswissenschaftlicher Erkenntnis läßt sich klären, was zu Anfang noch unklar schien. Wie viele Gläubige muß man eigentlich fragen? Alle sind nicht zu erreichen. Kann ein repräsentativer Durchschnitt befragt werden, so wäre das hochinteressant, obschon wir uns mit Durchschnittsantworten begnügen müßten. Steht die Quantität der Antworten hinter ihrer Qualität zurück, wen müßte man dann fragen? Es gibt religiöse Repräsentanten. Freilich, manchmal müssen sie leisetreten und auf eine religionspolitische Lage Rücksicht nehmen. Es gibt religiöse Gelehrte. Indessen, Gelehrte reiten gern Steckenpferde, sie bilden Schulen und Gegenschulen, sie zitieren Autoritäten bis hinauf zum Anfang ihrer Religion, wo wir doch hören möchten, was Gläubigen hier und heute ein Stück ihrer Tradition bedeutet. Es muß mithin nicht die Prominenz sein, an die wir uns wenden. Wir suchen Gläubige, die ihre Religion bezeugen, nicht analysieren. Es ist nicht gerade wenig, wenn sie sich und ihren Glauben kennen und dazu nicht nur Angelerntes zu sagen wissen.

Wenn wir nun solche Gläubige finden, wie sollen wir mit ihnen reden? Deutsche Religionswissenschaftler, die ihre Arbeit auf Deutsche begrenzen, haben keine Probleme. Wer die Landesgrenzen überschreitet, hat eins. Dann bleiben noch drei Möglichkeiten. Vielleicht sprechen die Gläubigen Englisch oder eine andere europäische Sprache? Für viele Namen und Erfahrungen aus ihrer Religion gibt es in unseren Sprachen kein entsprechendes Wort. Folglich könnten sich ihre Erklärungen unbedarft anhören und meilenweit hinter der geistigen Kraft des Originals zurückbleiben. Zweite Möglichkeit: Wir nehmen einen Dolmetscher. Der vermag die lexikalischen Lücken auch nicht zu schließen und versucht vielleicht sogar, das Gesagte auf europäisches Begriffsvermögen hinzubiegen. Dritte Möglichkeit: Wir lernen die Sprache der Gläubigen. Dann bleiben die Fehler beim Verstehen wenigstens unsere eigenen.

4. Religiöses Leben

Einzelne Texte erklären, einzelne Bilder und Museumsstücke zeigen, einzelne Gläubige bezeugen, doch erst ihr ungeteiltes religiöses Leben beendet und krönt zugleich den Fortgang einer religionswissenschaftlichen Kenntnissuche. Wenn wir gelesen haben, wenn wir betrachtet haben, wenn wir zugehört haben, dann ist es Zeit, die fremde Religion zu erleben. Erleben heißt: zugleich sehen, hören, riechen, fühlen und schmecken. Anstelle von ein paar exotischen Proben, aus der Ferne herbeigeschafft und in vertrauter deutscher Umgebung bestaunt, wird uns eine fremde Religion als lebendiges Ganzes umfangen.

Einige von uns wollen sich lieber nicht auf den weiten Weg machen. Sie fürchten Gefahren für Leib und Leben. Manche fürchten wohl auch immer noch, die garstige Wirklichkeit könne das ideale Bild, das sie sich von »ihrer« Religion gemacht haben, schmerzhaft verrücken. Die anderen reisen, die meisten freilich behindert durch Mangel an Zeit oder Geld. Rundreisen, möglichst viele Orte in möglichst wenig Tagen, bevorzugt, wer mit der Zeit geizt. Akademischer Tourismus wird fast immer eng geschnürt: am Vormittag Treffen mit Professor X, am Nachmittag mit dem Oberpriester Y, am nächsten Vormittag Besichtigung einer Tempelanlage, am Nachmittag hält man einen Gastvortrag, und schon geht es weiter zur nächsten Universität. Wer nicht hasten muß, weil seine Forschungsreise länger finanziert wird, den halten wiederum Geldgeber an der kurzen Leine. Um Mittel zu beantragen, muß man einen möglichst detaillierten Forschungs-Feldzugsplan vorlegen. Bekommt man das Geld, soll die Forschung ablaufen wie geplant und tunlichst ohne Extratouren.

Sein eigener Herr bleibt, wer Urlaub nimmt und die Kosten selber trägt, was bei bescheidener Lebensführung nicht unmöglich wäre. Die Vorteile sind unbezahlbar. Ohne ein vorfabriziertes Programm abhaken zu müssen, bleiben wir frei für alles, was sich uns bietet. Fremdes religiöses Leben gleicht einem Fluß. Man kann sanft hineingleiten. Halten wir uns nicht furchtsam am sicheren Ufer fest, dann nimmt uns die Strömung fremden Lebens mit sich fort, und wenn wir nicht, von plötzlicher Angst überwältigt, gegen sie ankämpfen, führt sie uns vielleicht zu Entdeckungen, von denen wir uns zuvor nicht träumen ließen.

Doch wie auch immer Religionswissenschaftler reisen können, es wird ihre Erfahrung bereichern. Zu erleben gibt es die Ganzheit einer Religion sowie deren öffentliches und nichtöffentliches Leben.

Unverkürzte Religion oder: Von der Erfahrung, mittendrin zu sein

Was wir bislang nur teilweise und vom Rand her kannten, das erleben wir nun als Ganzes: wir sind mittendrin. Stellen wir uns vor, ein Buddhamönch aus Sri Lanka besuchte uns auf der Durchreise in Deutschland. Da sitzt er dann vor uns im Religionsgeschichtlichen Seminar, eine zierliche braune Gestalt, in gelbe Tücher gehüllt, und berichtet von seiner Religion. Wird mitstenografiert, dürfte später kein Mensch dem Text anmerken, wo er gesprochen wurde. Auch auf einem Tonband nicht, es sei denn, im Hintergrund ließe sich vernehmen, was die deutsche Umgebung verrät. – Und nun denken wir uns die Gesprächssituation umgekehrt. Wir sind zu Besuch in Colombo, im Kloster des Mönchs, in seiner Zelle. Er sitzt auf einem niedrigen Stuhl, wir sitzen ihm zu Füßen auf einem noch niedrigeren Schemel. Die Luft ist heiß, durchs offene Fenster dringt der Duft blühender Frangipani-Bäume. Was der Mönch sagt, braucht sich in nichts von dem zu unterscheiden, was er im Seminar sagte, und dennoch, welch ein Unterschied!

In Deutschland waren nur unsere Ohren und Augen an der Begegnung beteiligt, in Colombo erfährt die Nase fremde Gerüche, der Körper muß mit Hitze und Luftfeuchtigkeit fertig werden, und wenn man uns im Kloster Tee oder Kokoswasser mit viel Zucker anbietet, bleibt auch die Zunge nicht unbeteiligt. In Deutschland war der Mönch der Fremde, in Colombo sind wir es. In Deutschland war er unsicher, in Colombo bewegt er sich ganz anders, während wir uns erst allmählich auskennen, noch lernen müssen. In Deutschland hat er uns von seiner Religion erzählt, in Colombo kann er zeigen, uns herumführen, zur Andacht mitnehmen, zur Meditation, zur Predigt. Er kann uns zum Vollmond ins Kloster einladen, wo wir den Tag unter vielen weißgekleideten Laien verbringen dürfen, und wenn er uns mag, wird er uns segnen wollen und zusammen mit anderen Mönchen *Pirit* für uns »singen«.

So erfahren wir, wie es mittendrin ist, nicht mehr am Rand und akademisch auf Distanz. Das Ganze einer Religion zu erfahren ist freilich schwer. Gewöhnlich entdecken wir immerzu Neues, lauter Einzelheiten, auf die wir uns konzentrieren. Das macht kurzsichtig und läßt das Ganze verschwinden oder verschwimmen. Dennoch ist es immer da und färbt sozusagen jedes Detail, das uns fesselt. Ob uns das bewußt wird, hängt von unserem Bewußtsein, nicht vom Ganzen ab. Manchmal geht es uns erst auf, wenn wir schon wieder zuhause sind.

Das bezeugt auch der Marburger Kirchenhistoriker Ernst Benz (1907–1978), der für die Religionswissenschaft viel übrig hatte. Er lehrte als Gast an der christlichen Doshisha-Universität im japanischen Kyoto. Über seine Erlebnisse von damals schrieb er: »Es ist eine der überraschendsten Lebenserfahrungen, an sich selber feststellen zu müssen, wie blind wir gegenüber Erscheinungen und Vorkommnissen des Lebens in unserer nächsten Umgebung sind, die nicht in den Bereich unserer überkommenen Lebensformen und Lebensanschauungen fallen. Dies gilt insbesondere für den ganzen Bereich der Religion. Selbst in unserer säkularisierten Welt ist unser Auge so sehr durch das humanistisch-christliche Erbe unseres Kontinents geprägt, daß unser Blick unwillkürlich nur darauf eingestellt ist, Eindrücke aus dem Bereich der vielgestaltigen christlichen Tradition oder aber ihrer Pseudomorphose und der von ihr selbst hervorgerufenen antichristlichen und antikirchlichen Einstellung wahrzunehmen. Trotz aller religionswissenschaftlichen Studien hat mir selber erst mein Studienaufenthalt in buddhistischen Ländern, vor allem in Japan, das Auge für die nichtchristlichen Religionen geöffnet. Das Leben im täglichen Umgang mit buddhistischen Freunden, die freimütige Diskussion von Lebensproblemen in der Sicht des Dhamma, der unbewußte Einfluß von Erfahrungen, wie sie der Umgang in einem buddhistischen Milieu mit sich bringt, der ästhetische Einfluß buddhistischer Kunst, die sich längst nicht nur auf kultische Bilder, sondern auf eine ganz bestimmte künstlerische Gestaltung aller menschlichen Lebensformen erstreckt, das Spazierengehen in weiträumigen buddhistischen Tempelanlagen und Tempelgärten, die Betrachtung buddhistischer Landschaften, die nicht nur durch die einfühlende Verteilung der Tempelgebäude, sondern auch durch die bewußte, aber ganz naturhaft wirkende Bepflanzung der Berge und Hügel mit Zedern oder Kirschbäumen oder Pflaumenbäumen geistig geformt ist, vielleicht sogar die buddhistische Küche – alle diese Erfahrungen haben unwillkürlich und unbewußt zu einer Veränderung des Auges beigetragen, die sich als solche erst bemerkbar machte, als ich wieder in die Heimat zurückkehrte.«[1]

Die Erfahrung des Ganzen bekommen Religionswissenschaftler sozusagen als Bonus, als Zugabe mit, wenn sie zu »ihrer« Religion reisen. Weil sich die Erfahrung des Ganzen weder messen noch wiegen und auch in wissenschaftlicher Prosa nicht gut protokollieren läßt, taugt sie kaum zum Studienobjekt. Das Ganze wird erlebt, und Wissenschaftlern, die es erlebt haben, verleiht es eine instinktive Sicherheit des Urteils. Hat man beispielsweise Afrikaner in Afrika erlebt und nicht nur Aspekte ihres Glaubens aus Büchern studiert, dann stehen einem automatisch die Haare zu Berge bei dem Unsinn, den manch ein Religionswissenschaftler über afrikanische Religiosität verbreitet. Man könnte das auch als methodische Regel fassen und Religionswissenschaftler bitten, sich eines Urteils über einen fremden Glauben so lange zu enthalten, bis sie ihn in seiner lebendigen Ganzheit erfahren konnten.

Öffentliches religiöses Leben oder: Von der Pflicht, nicht wegzusehen

Gern gereist ist Rudolf Otto, auch als es ihm mit der Zeit immer schwerer fiel. Noch vor dem ersten theologischen Examen war er in Griechenland. Über Ägypten, wo er Kopten und Derwische beim Gottesdienst erlebte, reiste er 1895 nach Jerusalem. Während der Sommerferien 1900 lernte er in Rußland die orthodoxe Kirche kennen. Auf einer Erholungsreise nach Teneriffa besuchte er 1911 Nordafrika. Gegen Ende desselben Jahres brach er zu einer zehnmonatigen Weltreise auf, die ihn nach Indien, Birma, Japan und China führte. Nach dem Ersten Weltkrieg war er in Amerika und, von Oktober 1927 bis Mai 1928, auf Ceylon und wiederum in Indien.

Einer seiner Reiseberichte ist berühmt. Er wurde 1911 im marokkanischen Mogador geschrieben: »Ein kleiner, halbdunkler Saal. Nicht zehn Meter lang. Kaum fünf breit. Gedämpftes Licht von oben. Braunes Getäfel an den Wänden, vom Qualm der dreißig hängenden Öllampen angeräuchert. An den Wänden ringsum Bänke mit abgeteilten Sitzen, wie Chorgestühl von Bettelmönchen. Ein hoher Schrein in der Schmalwand, und in der Mitte ein kleiner Altar mit breitem Pult. Durch labyrinthische Gänge des Ghetto, über zwei enge finstere Treppen hat Chajjim el Malek mich hierher geführt. Eine Synagoge nach der alten Art, vom Westen noch unberührt. Vierzig solcher sind etwa hier, die meisten von ihnen Stiftungen Privater und in Privathäusern, wie Hauskapellen gehalten, durch Rabbinen und Vertreter alten Schlages bedient, Gebetsstätte und Talmudschule zugleich. Es ist Sabbat, und schon im dunklen, unbegreiflich schmutzigen Hausflur hörten wir das »Benschen« der Gebete und Schriftverlesungen, jenes halb singende, halb sprechende nasale Cantillieren, das die Synagoge an die Kirche wie an die Moschee vererbt hat. Der Klang ist wohllautend, und bald unterscheidet man bestimmte regelmäßige Modulationen und Tonfälle, die wie Leitmotive sich abwechseln und folgen. Die Worte zu trennen und zu fassen bemüht sich das Ohr zunächst vergeblich und will die Mühe schon aufgeben, da plötzlich löst sich die Stimmenverwirrung und – ein feierlicher Schreck fährt durch die Glieder – einheitlich, klar und unmißverständlich hebt es an: *Kadosch Kadosch Kadosch Elohim Adonai Zebaoth Male'u haschamajim wahaarez kebodo* ... diese erhabensten Worte, die je von Menschenlippen gekommen sind, immer greifen sie in die tiefsten Gründe der Seele, aufregend und rührend mit mächtigem Schauer das Geheimnis des Überweltlichen, das dort unten schläft.«[2]

Jene Erfahrung, ausgelöst vom Lobpreis aus Jesaja 6,3, haben später andere als Keim von Ottos Werk *Das Heilige* gedeutet. Sei dem wie auch immer, seine Reiseberichte lassen erkennen, wie sehr sich Rudolf Otto dem Eindruck fremden religiösen Lebens, insbesondere fremden rituellen Lebens, öffnete. Das kann nicht ein jeder. Man denke nur an gewisse Missionare, die in jedem nichtchristlichen Ritus, und in manchem fremden christlichen dazu, Götzen- oder gar Satansdienst erblicken oder vielmehr schleunigst davor flüchten, damit ihre Augen solche Greuel nicht erblicken müssen. Christlicher Theologe blieb Rudolf Otto trotz aller Offenheit. Als er sein Erlebnis des »Heilig Heilig Heilig« in jener Synagoge in Marokko niederschrieb, verließ er den christlichen Standpunkt nicht. »Zugleich drängte sich die Tragik dieses Volkes mit Gewalt vor die Seele: von sich stoßend, was selber das echteste und höchste Erzeugnis ihres Volkstumes und Geistes war, sitzen sie nun klagend an der unverweslichen Mumie ›ihrer Religion‹, deren Krusten und Kleider hütend.«

Hier wird erkennbar, warum der persönliche Glaube von Religionswissenschaftlern für die Dauer ihrer Arbeit eingeklammert bleiben sollte. Wo er sich vordrängt, könnte er das Fremde verfälschen. Verfälschend wirkt unsere persönliche Meinung, weil sie automatisch drauflosurteilt, wo wir mit offenem Geist sehen und hören sollten, also ohne den Kopf voll ablenkender Vergleiche zu haben. Es kostet alle Kraft, etwas Unbekanntes aufzunehmen. Verarbeiten werden wir es danach, wenn es vorüber ist. So lange sollten wir mit unseren Urteilen warten können.

Urteilen bringt uns dazu, daß wir eine Sache mögen und eine andere nicht. Was wir mögen, davon können wir meist nicht genug bekommen. Was uns zuwider ist, dem gehen wir am liebsten aus dem Wege. So wählen wir gemäß einer persönlichen Gemütslage. Weil er sein Urteil nicht aufschob, zeigte sich auch Rudolf Otto wählerisch. Auf jenen Chajjim el Malek, der ihn zu besagter Synagoge führte, hatte der deutsche Theologe tags zuvor in einer jüdischen Schule mit seinen Kenntnissen der hebräischen Bibel Eindruck gemacht. »Daß man die Ochsenhörner kennt, überwältigt ihn. Er drückt mir die Hand: Morgen zeige ich Ihnen eine Beschneidung. Ich hatte Mühe, dieses Übermaß von Güte abzuwehren.«

Was anderen freisteht, Religionswissenschaftler sollten sich um keinen Teil religiösen Lebens herumdrücken. Sie sollten sich nicht aussuchen dürfen, was sie für die Rosinen in einem fremden Kuchen halten. In vielen Kulturen gibt es Dinge, die Europäern unangenehm, ja widerlich erscheinen mögen. Dennoch gehören auch sie zum Ganzen einer lebendigen Religion. Schwache Nerven sind keine günstige Ausstattung für diesen Beruf. Damit Leser solche Andeutungen nicht mißverstehen können, gebe ich ein Beispiel dafür, was einem unter Umständen begegnen kann. Wiederum zitiere ich Klaus Klostermaier, der sich in Vrindaban hat zwingen müssen, genau hinzusehen:

»Es war ein nackter junger Mann, der mit dem Gesicht nach unten in der Abwässerrinne lag. Mit der hohlen rechten Hand begann er, die Abwässer der Gosse über sich zu gießen: eine rituelle Handlung, zu der er sich jeden Morgen verpflichtet fühlte. Dann kamen die Bhangis, die Unraträumer, auch eine unreine Kaste. Einige fegen mit langen Besen den Kot, der sich während der Nacht angesammelt hat, in die Abwässerkanäle, andere tragen wassergefüllte Ziegenhäute, mit denen sie nachspülen, damit die Exkremente sich flußabwärts bewegen können. Dick und schwarz kam es die Gosse herab. Der junge Mann füllte eine Hand damit und leerte sie über seinem Haupt aus. Träge zerteilte sich der dicke Brei und glitt zerbröckelnd über sein Gesicht herab. Dann nahm er wieder eine Handvoll und führte sie zum Munde, würgte alles hinab. Aber der Magen sträubte sich – er mußte erbrechen. Eine zweite Handvoll. Er krümmte sich vor Brechreiz. Doch dann sträubte sich der Magen nicht mehr. Der Mann verschlang eine Handvoll nach der andern von dem dicken, schwarzen, stinkenden Unrat.«[3]

Der junge Mann war einer jener Hindu, welche die Lehre wörtlich nehmen, daß alles *Brahman* ist, daß Gott in allem gegenwärtig ist, im Brot wie im Kot. Solange es sie gibt, Shiva-Verehrer, die bei Verbrennungsstätten leben und manchmal Leichen verzehren, solange gehören sie zur Religion der Hindu. Woher nähmen europäische Religionswissenschaftler das Recht, sie oder anderes aus dem Ganzen einer lebenden Religion auszusparen?

Nichtöffentliches religiöses Leben oder: Vom gegenseitigen Vertrauen

In vielen Religionen gibt es verbotene Bereiche. Ungläubige dürfen nicht nach Mekka. Frauen dürfen nicht in den Hauptraum der Synagogen. Männer dürfen nicht bei Frauenbünden zusehen. Am wenigsten hindert das Geschlecht, wenn Religionswissenschaftler ihre Arbeit aufteilen können: Männer gehen dorthin, wo nur Männer, Frauen dorthin, wo nur Frauen eingelassen werden. Nicht beheben läßt sich der Unterschied von gläubig und ungläubig.

Manche religiöse Gemeinschaft, vor allem sogenannte Jugendsekten, verdächtigt man krimineller Machenschaften. Um sie anklagen zu können, schleichen sich bei ihnen manchmal Reporter oder Detektive ein. Als Gläubige getarnt, suchen sie nach Belastungsmaterial. Von Religionswissenschaftlern unterscheiden sie sich in doppelter Hinsicht. Erstens heucheln sie Glauben, und zweitens sind sie einzig und allein an Vorgängen interessiert, die sich auf der Schattenseite einer Religionsgemeinschaft abspielen. Religionswissenschaftler sollten fremden Gläubigen, um sich angenehm bei ihnen einzuführen, nichts vormachen. Und sie achten selbstverständlich auf alles, nicht nur auf solche Dinge, die fremde Gläubige oder deren Oberhäupter in ein schiefes Licht bringen könnten.

Weil Religionswissenschaftler gewöhnlich weder für die Staatsanwaltschaft noch für die Sensationspresse arbeiten, haben sie eigene Ziele. Sie wollen erkunden, was ist. Wie es ist, ob »gut« oder »schlecht«, das beruht auf einem Urteil, und Urteile hängen von Standpunkten ab. Unsere private Ansicht von einer fremden Religion deckt sich nicht unbedingt mit der Ansicht, die ihre Gläubigen von ihr haben. Religionswissenschaftler können vermeiden, zwischen gegensätzlichen Standpunkten hin- und herzuschwanken, wenn sie die Ansicht der Gläubigen gelten lassen und nicht die irgendeines Religionswissenschaftlers, dessen private Meinung sich rein zufällig zum Richter über fremden Glauben erheben würde.

Offen ist noch die Frage, wie Religionswissenschaftler sich Informationen beschaffen sollen, wenn ihnen Gläubige den freien Zugang verweigern. Wir bewundern den Wagemut von Forschungsreisenden aus fernen Tagen. Verwegene Europäer gelangten, als Tibeter verkleidet, bis ins verbotene Lhasa. Als es Europäer noch den Kopf kostete, wenn man sie in Nordafrika aufgriff, haben einige Arabisch und muslimisches Benehmen studiert, sogar beschneiden ließen sie sich, um die Sahara und Marokko erkunden zu können. Selbst nach Mekka haben sich schon waghalsige Europäer einzuschleichen versucht. Sollen wir es ihnen nachmachen?

Sein Leben riskiert man nur noch in seltenen Fällen, wahrscheinlich würden wir verprügelt oder auch nur beschimpft. Das muß uns nicht vom Spionieren abhalten. Hindern sollte uns etwas anderes: Wir würden alles Vertrauen verspielen. Wenn die Gläubigen selber uns die Türen öffnen, brauchen wir bei ihnen nicht einzubrechen. So lange müßten wir freilich warten, denn was noch nicht reif geworden ist, das fällt nicht zu Boden. Als erste sollten wir Religionswissenschaftler Vertrauen in die Gläubigen haben. Das zeigen wir ihnen durch unsere Geduld. Es fällt ihnen nicht leicht, die Tür für uns zu entriegeln. Darum überlegen sie manchmal lange und beraten sich, darum warten manche lieber noch auf ein Zeichen von ihren Ahnen oder Göttern. Darum beobachten sie uns, ob wir ihr Vertrauen verdienen. Oft haben sie ihre eigenen Methoden, unser Interesse an ihrer Religion auf die Probe zu stellen. Sie scheinen dann weniger darauf zu achten, was wir antworten, sondern wie. Sie möchten herausfinden, ob wir eine Maske tragen und was sich unter ihr verbirgt. Sie möchten uns auf die Schliche kommen. Heucheln wir unser Interesse nicht, sind wir echt, dann werden sie anfangen, uns zu trauen.

Von da ab arbeiten sie mit uns zusammen. Sie leiten uns an, wir brauchen nur zu folgen. Sie nehmen uns mit zu nichtöffentlichen Zeremonien, wo sie auf uns achten und Peinlichkeiten verhüten. Führen sie selber Riten durch, dann lassen sie uns teilnehmen und beziehen uns womöglich ein. Handelt es sich um abgeschirmte Oberhäupter, dann lassen diese uns rufen und zeigen sich für unser Interesse zugänglich. Sie erklären, was wir nicht verstehen, und tun auch sonst alles, damit wir richtig begreifen, was sie uns zeigen wollen.

Doch was wird, wenn sie sich nicht entschließen können, uns zu vertrauen? Vielleicht verlieren wir die Geduld und drängen uns im Handstreich hinein. Oder wir lassen den Fuß in der Tür und machen ihnen klar, daß wir ihr »nein« nicht hinnehmen. Besser wäre freilich, es zu verschmerzen. Vielleicht überlegen sie es sich doch noch, wenn wir unsere Geduld verdoppeln. Und wenn nicht, auch damit werden wir leben können. An allem teilzunehmen, ist ohnehin ausgeschlossen, darum sollten wir Gelegenheiten, die uns nur selten geboten werden, besonders schätzen lernen.

Bisher war davon die Rede, was es bei einer fremden Religion zu erleben gibt. Nun soll auch zur Sprache kommen, wie wir es erleben. Man hat mindestens zwei Möglichkeiten. Wir können uns mitten in das religiöse Leben stellen und beobachten, was alles an uns vorüberfließt. Wir können den Beobachtungsstand aber auch aufgeben und uns der Strömung überlassen, teilhaben am fremden Leben. Vermutlich werden wir beide Möglichkeiten nutzen, je nachdem, welche gerade paßt.

Beobachten ist die wissenschaftliche Methode schlechthin. Beobachtet wird, was vorgeht. In Laboratorien beobachten Wissenschaftler, ob und wie ein Material auf Einwirkungen reagiert, in Gewächshäusern beobachten sie das Wachsen von Pflanzen, in Gehegen das Verhalten von Tieren. Neugierig manipulieren sie, was sie beobachtet haben. Wenn eine Pflanze alle zwei Jahre blüht, was könnte den Vorgang beschleunigen oder langsamer machen? Viele Tiere wachsen unter mütterlicher Obhut heran, doch was geschieht, wenn ihnen die Mutter nach zwei Tagen, nach zwei Wochen, nach zwei Monaten fortgenommen wird?

Wer experimentiert, beobachtet immer neue Vorgänge. Dabei unterwirft er seinem forschenden Willen das, womit er experimentiert. Der Materie fehlt ein eigener Wille. Mithin spricht die Wissenschaft gern vom Forschungs-»Gegenstand«, einerlei, ob es sich um Totes oder Lebendes handelt. Lebende haben sich ebenso frag- oder wenigstens klaglos wie Gegenstände den Versuchsbedingungen zu unterwerfen.

So weit ist die Religionswissenschaft freilich nicht gereift. Gott sei Dank! muß ich hinzufügen. Denn eine Religion studieren, darauf reimt sich respektieren, nicht manipulieren! Die Personalisierung der Religionswissenschaft würde auf den Kopf gestellt, wenn wir die Lösung einer wissenschaftlichen Frage für wichtiger hielten als den Willen der betroffenen Frommen.

Wissenschaftler, wenn sie nicht experimentieren können, beobachten, was sich, von ihnen unbeeinflußt, abspielt. Sie beobachten den Lauf von Sternen, wie ein Vulkan oder das Wetter sich verhalten, sie beobachten Lebewesen. Verhaltensforscher beobachten Tiere und gelegentlich auch Menschen. In Amerika forschen sie gern im Labor, in Europa konnten sie einen Erfahrungsschatz beim Beobachten von Tieren in freier Wildbahn anhäufen. Sie beobachten inmitten einer Gänseherde oder eines Wolfsrudels. Zuerst müssen sich die Tiere an die Beobachter gewöhnt haben, weil auch Tiere sich vor Fremden anders verhalten als gewöhnlich. Mit der Zeit lernen die Beobachter »ihre« Tiere kennen und entwickeln eine persönliche Beziehung zu ihnen. Dennoch bleibt eine Distanz, was bei Tieren natürlich sein dürfte.

Bei Menschen auch? Immerhin, nur Menschen können lächeln, Gedichte machen und religiös sein. Trotzdem trennt auch hier eine Barriere den Beobachter vom Beobachteten. Niemand möchte belauert werden, deshalb frösteln Menschen unter kalten Blicken. Selbst anhimmeln distanziert die Beobachter von ihrem Idol. Am wohlsten fühlen sich Menschen, wenn sie liebevoll angeschaut werden, und liebevolle Blicke können mehr wahrnehmen als »objektives« Registrieren. Doch Liebevolles braucht seine Zeit, schneller geht es mit Routine. Religionswissenschaftler haben gelernt, Fromme als wichtige Quellen zu schätzen. Folglich gehen sie mit ihnen um, wie sie mit Quellen umzugehen lernten. Einer Quelle geht man auf den Grund! Mit Hilfe von Test- und Kontrollfragen läßt sich ergründen, woher die Frommen ihr religiöses Wissen nehmen, was sie selber davon halten, was ihre Eltern oder Kinder dazu sagen, was sie den Forschern verschweigen und warum.

Vom Teilnehmen oder: Handeln, um zu erkennen

Manches läßt sich erfragen, anderes läßt sich beobachten, einiges begreift ein Mensch erst, wenn er es tut. Darum versuchen Studenten der Archäologie, mit vorgeschichtlichen Werkzeugen Feuer zu schlagen. Darum bauen Lateinstudenten römische Lastschiffe im Modell nach. Darum garen Völkerkundler Fleisch und Gemüse in Erdöfen wie die Polynesier. Solches Tun unterscheidet sich von Experimenten, weil es nachmacht. Was getan wird, ist vorgegeben, und wer von der Vorlage abweicht, hat das Ziel verfehlt, selbst wenn er Neues dabei entdecken sollte.

In lebenden Religionen wird viel gehandelt, in den meisten wird mehr getan als geredet. Folglich könnte Nachmachen das religionswissenschaftliche Studium bereichern. Wer einen afrikanischen Altar nachgebildet, mit anderen eine buddhistische Mönchsweihe nachgespielt, das Modell eines Hindutempels gebastelt hätte, sie alle würden ihr Wissen, bislang angelesen und an der Oberfläche haftend, vertieft haben.

Nachmachen gehörte zum Studium und könnte deshalb an der Universität geübt werden. Ob es jemals dazu kommt, läßt sich schwer voraussagen. Wahrscheinlich nicht, jedenfalls nicht, solange man Religionswissenschaftler zu Schriftgelehrten ausbildet. Aber niemand muß auf eine schwerfällige Verwaltungsmaschinerie warten und darüber alt werden. Jeder kann für sich und sogar zuhause religionswissenschaftliche Erfahrungen sammeln, indem er tut, was fremde Fromme tun. Muslime fasten einen Monat lang: Vom Morgengrauen bis zum Abend essen sie nicht, trinken sie nicht, rauchen sie nicht. Erst wenn es dunkel ist, halten sie ihr tägliches Mahl. Ohne dadurch Muslime zu werden, könnten wir es ihnen ein paar Tage lang gleichtun. Buddhistische Mönche und Nonnen beginnen den Tag um vier Uhr früh. Wir könnten ihrem Tageslauf gelegentlich zu folgen versuchen. Fromme Hindu sprechen tage- oder jahrelang kein Wort. Sie verständigen sich mit anderen, indem sie auf eine kleine Schiefertafel schreiben, was die Geschwätzigkeit sehr behindert.

Was soll uns derartiges Imitieren nützen? Ausprobieren, was wir »toll« oder »blöd« finden, wollen wir dabei nicht. Weder unsere persönlichen Urteile noch unsere geerbten Vorurteile sind hier gefragt. Auch das spezifisch Religiöse, das die Frommen beim Fasten, beim Schweigen, bei Wallfahrten erleben, dürften wir schwerlich erfahren. Aber wie sich Hunger und Durst anfühlen, wie schwer es fällt, den Mund zu halten, wie anders ein Tag verläuft, der früh um vier in gesammelter Ruhe beginnt, das und noch viel mehr könnten wir erleben. Es brächte uns die fremden Frommen ein Stückchen näher, und das auf andere Weise als beim Übersetzen ihrer religiösen Texte.

Einiges *müssen* wir selber getan haben, um es zu begreifen. Nehmen wir zum Beispiel *Satipatthana.* Zwei Sutten zu diesem Thema werden dem Buddha zugeschrieben. Man könnte sie philologisch bearbeiten, textkritisch, literarkritisch, traditionsgeschichtlich. Man könnte den Palitext mit Sanskritfassungen und diese mit chinesischen und weiteren Übersetzungen vergleichen. Man könnte Theorie und Praxis von *Satipatthana* durch die Geschichte bis zum Anfang der buddhistischen Religion zurückverfolgen. Man könnte die psychologische Seite von *Satipatthana* ergründen und nach einer erklärenden Theorie suchen. Es wäre mühselig und ehrenwert und sehr wissenschaftlich, doch was dabei herauskäme, bliebe immer nur Gedachtes über *Satipatthana.* Die Sache selbst lernen wir kennen, wenn wir unter Anleitung eines Meditationslehrers *Satipatthana* üben. Nur so werden wir gewahr, worum es sich eigentlich handelt, selbst wenn wir dafür nicht mehr als einen Tag oder auch nur ein paar Stunden übrig hätten.

Lernen durch Tun, Erfahren durch Tun, was bislang genannt wurde, können wir, sofern wir wollen, zuhause in Deutschland ausprobieren. Sind wir zu »unserer« Religion gereist, begegnen uns Möglichkeiten über Möglichkeiten, am religiösen Leben der Gläubigen teilzunehmen. Dann sind wir mitten unter ihnen und tun, was sie tun, mit ihnen zusammen.

Ist das wirklich nötig? Ich bin davon überzeugt und komme deshalb auf ein Modell zu sprechen, das in die Zukunft weist. Das Institut für Islamkunde an der kanadischen McGill-Universität sollten wir zum Vorbild nehmen. Wilfred Cantwell Smith hat das Programm dieses Instituts vorgestellt: »Ich kann meinen Nachbarn nur oberflächlich kennen, wenn ich ihn nicht liebe. An der McGill-Universität nimmt man das so ernst, daß dort keinem westlichen Studenten ein Studienplatz für Islam und für den Abschluß in Islamkunde gewährt wird, wenn ihm nicht Muslime zur Seite stehen, von denen er lernen kann.«[4] Aus diesem Grund lernen und lehren im Institut so viele Muslime wie Nichtmuslime. Wer sein Studium in Kanada abgeschlossen hat und promovieren will, von dem wird erwartet, »daß er in seinem erwachsenen Leben, sei es vor, während oder nach seiner Arbeit an der McGill-Universität, eine Zeitlang (am besten ein Minimum von zwei Jahren, auf keinen Fall aber weniger als den Zeitraum eines akademischen Trimesters) in der islamischen Welt verbracht hat.«[5] Das, sagt Wilfred Cantwell Smith, sei nicht weniger wichtig als ein klinisches Praktikum, welches dem medizinischen Doktorat vorauszugehen hat. Und von den Lehrern am Islamischen Institut wird erwartet, daß sie die religiöse Gemeinschaft besuchen, über die sie schreiben, daß sie zu Gläubigen in engem Kontakt stehen. Solch direkter Zugang zum Leben der fremden Religion sei nicht weniger selbstverständlich, »als der Zugang eines Chemieprofessors zu einem chemischen Labor.«[6]

IV. Systematische Religionswissenschaft – Arbeiten am Allgemeinen

Bisher haben wir die Religionswissenschaft als Religionsgeschichte kennengelernt, das heißt als Interesse an einer Religion, an einer ganz bestimmten. Religionshistoriker können ihr Leben mit nur einer Religion verbringen. Eine Religion gleicht einem Haus: Manche sind groß, andere klein, aber auch die kleinen haben Winkel und Ecken, Dachböden und Kellerräume, die zu durchforschen viel Zeit und Geduld verlangt. Mangelt es uns an Geduld oder an Zeit, dann müssen wir uns mit den offiziellen Empfangsräumen großer oder mit den guten Stuben kleiner Religionen zufrieden geben.

Einige Religionswissenschaftler reden zuweilen ein wenig verächtlich von dem, was Religionsgeschichtler treiben. Das nennen sie »nur« beschreiben. Würden sie es selber einmal versuchen, sie könnten erfahren, wie schwierig es wird, eine Religion korrekt zu beschreiben, nämlich so, daß die Gläubigen ihren Glauben darin wiedererkennen könnten. Doch steht zu vermuten, daß sie mit »nur« beschreiben anderswohin zielen. Religionsgeschichtler beschäftigt, was auch ohne sie da ist. Folglich »reproduzieren« sie Vorhandenes, wogegen Religionssystematiker Neues, bislang nicht Dagewesenes »produzieren«.

Jeder kann die Welt der Religionen sehen. Religionsgeschichtler können sie erklären wie Museumsführer ein Schloß oder wie Förster einen Wald. Religionssystematiker blicken durch das, was alle sehen, hindurch. Sie erkennen, worauf weder die Gläubigen einer fremden Religion achten noch Religionsgeschichtler, die jene Religion erforschen. Religionssystematiker erblicken im Besonderen das Allgemeine.

Was steckt dahinter? Das ist ihre Frage, und sie meinen: Was steckt an sich dahinter? Also überall und immer. Wer das erkennt, hat ein Instrument geschaffen, eine Formel, eine Methode, mit der die Menschheit Vergangenes erklären, Zukünftiges erkennen und Gegenwärtiges gestalten könnte. So sehen wissenschaftliche Großtaten aus, Früchte der Arbeit berühmter Wissenschaftler.

Zugegeben, die Religionswissenschaft tut sich mit Großtaten schwer im Vergleich zu anderen Disziplinen wie der Chemie oder der Chirurgie. Trotzdem müssen wir das angesammelte Wissen von den Religionen systematisieren, es auf allgemeingültige Aussagen bringen. Dahin führen drei Wege: die Religionstheorie, der Religionsvergleich und die Religionsphänomenologie.

1. Die Theorie

Was und wie sind religionswissenschaftliche Theorien? Anstatt verschlungenen Theorien über Theorien zu folgen, tasten wir uns an einem Leitseil durch das Theoretische hindurch. Als handfestes Beispiel für eine religionswissenschaftliche Theorie wähle ich Rudolf Ottos *Das Heilige,* dessen erste Auflage 1917 erschien und das inzwischen in mehr als fünfunddreißig Sprachen übersetzt wurde[1]. Heute findet dieses klassische Werk erneut viel Beachtung, wenn auch im Ausland mehr als in Deutschland.

»Haben Sie schon eine Theorie?« So wird im Kriminalroman der Meisterdetektiv gefragt, wenn er einen rätselhaften Fall übernimmt. Gäbe es eindeutige Spuren, man brauchte niemandes Theorie. Sind kaum Fakten bekannt oder ergeben die bekannten Fakten keinen Sinn, dann hilft Denken: der Detektiv kombiniert, wie es gewesen sein könnte. Vielleicht gesteht der überrumpelte Bösewicht. Wenn nicht, muß man weitersuchen, bis sich die Lükken der logischen Beweiskette schließen.

Geständnisse erwarten sie keine, aber sonst geht es Wissenschaftlern nicht viel anders als Detektiven. Beide fangen an mit einer »Idee«. Detektive nennen sie einen »Verdacht«, Wissenschaftler nennen sie eine »Hypothese«. Auch Hypothesen sind vorläufig. Erweisen sie sich als falsch, werden sie ohne viel Aufhebens wieder vergessen. Erweisen sie sich als wahrscheinlich, dann lohnt es, sie zu einer Theorie auszubauen und diese möglichst unumstößlich abzusichern.

Das Problem

Rudolf Otto rieb sich am Rationalismus, der beide beherrscht, die Theologie und die allgemeine Religionsforschung. Gott faßt man mit Prädikaten wie »Geist«, »Vernunft«, »Wille«. Solche Prädikate sind definierbare Begriffe. Mithin bestimmt man die Gottheit als ein Rationales. »Aber wenn die rationalen Prädikate auch gewöhnlich im Vordergrund stehen, so erschöpfen sie die Idee der Gottheit so wenig, daß sie geradezu nur von und an einem *Irrationalen* gelten und sind« (S. 2).

Die Bedeutung des Irrationalen zeigte sich Rudolf Otto vermutlich auf seinen Reisen besonders klar. Er spricht davon als einem »eigentümlichen *Qualitäts*-unterschied in der Stimmung und in dem Gefühls-gehalte des Fromm-seins selber« (S. 3). Daher wird begreiflich, wenn er sich folgende Frage zu lösen vornimmt: Wie läßt sich das Irrationale der Gottheit erfassen?

Wir sollten uns klarmachen, wie selbstverständlich es für Christen oder Juden oder Muslime ist, zum Gegenstand religiöser Theorien Gott zu wählen. Jene, in deren Glaubenssystem keine Gottheit im Zentrum steht, denken ebenso selbstverständlich an anderes. Man darf sicher sein, ein Buddhist oder ein Advaita-Vedantist würden Wichtigeres zu bedenken haben als einen *Deva.* Mithin ist es nicht belanglos, wenn man sich danach erkundigt, was ein Theoretiker ist oder war, beziehungsweise wie es kommt, daß sich jemand eine bestimmte Frage zum Problem wählt.

Das Material

Dem Numinosen im Alten Testament, im Neuen Testament und bei Martin Luther widmet Rudolf Otto eigene Kapitel. Im Alten Testament sind es vor allem Jahwes Heiligkeit, sein Grimm, sein Eifer, sein Zorn, die er als Belege heranzieht. Im Neuen Testament sind es Stellen wie Hebräerbrief 10,31: »Schrecklich ist es, in die Hände des *lebendigen* Gottes zu fallen«, oder Römerbrief 9,18: »Also erbarmt er sich nun, wessen er will, verhärtet aber, wen er will«. In seiner Schrift »Vom Unfreien Willen« erörtert Martin Luther das Unoffenbare in Gott, und Rudolf Otto bekennt, »an Luthers ›De servo arbitrio‹ hat sich mir das Verständnis des Numinosen und seines Unterschiedes gegen das Rationale gebildet, lange bevor ich es im Qadosch des Alten Testamentes und in den Momenten der ›religiösen Scheu‹ in der Religions-geschichte überhaupt wiedergefunden habe« (S. 123).

Weiteres Belegmaterial fand Rudolf Otto in der Frömmigkeitsgeschichte der westlichen Christenheit. Er zitiert Augustinus und Mystiker wie Meister Eckhart, Katharina von Genua, Jakob Böhme, Gerhard Tersteegen. Er zitiert christliche Hymnen, die Gottes Majestät preisen.

Er zitiert auch jüdische Texte, zum Beispiel aus der Liturgie des Versöhnungstages. Außerchristliches Material fehlt mithin nicht, bleibt aber gegenüber christlichem in der Minderzahl. Gelegentlich kommt ein muslimischer Mystiker zu Wort, gelegentlich wird auf die Bhagavadgita verwiesen, gelegentlich kommt ein fremder Begriff wie die buddhistische »Leere« zur Sprache, weil sie dem »Nichts« westlicher Mystiker gleicht.

Vergegenwärtigen wir uns noch einmal, wo Rudolf Otto reichlich Material fand: in der Bibel und bei Martin Luther, eben dort, wo evangelische Theologen nicht lange suchen müssen. Wiederum zeigt sich, wie erhellend die Auskunft sein kann, wer die Belege für eine Theorie ausgesucht hat, ob es ein katholischer Missionswissenschaftler war, ein marxistischer Völkerkundler, ein liberaler Soziologe oder wer sonst.

Rudolf Ottos Material kannte man längst, er hat es nicht eigens entdecken müssen. Aus der Fülle des Vorhandenen verwarf er dieses, nahm er jenes auf. Er suchte aus, was seiner Hypothese, seiner »Idee«, den Rücken stärken konnte. Gewöhnlich hören Theoretiker zu suchen auf, wenn sie in vorhandenem Material Regelmäßiges entdecken. Rudolf Otto entdeckte, daß seines in der Regel mit Erleben zusammenhing. Ausgegangen war er von der Frage: Wie läßt sich das Irrationale der Gottheit erfassen? Jetzt hatte er eine Antwort gefunden: durch Erleben.

Seinen Lesern bot er als passenden Schlüssel ebenfalls das Erlebnis an: »Wir fordern auf, sich auf einen Moment starker und möglichst einseitiger religiöser Erregtheit zu besinnen. Wer das nicht kann oder wer solche Momente überhaupt nicht hat, ist gebeten, nicht weiterzulesen. Denn wer sich zwar auf seine Pubertätsgefühle Verdauungs-stockungen oder auch Sozial-gefühle besinnen kann, auf eigentümliche religiöse Gefühle aber nicht, mit dem ist es schwierig, Religionskunde zu treiben« (S. 8). Wen wundert es da, wenn einige, die komplizierte religionstheoretische Gedanken denken, aber ihre eigenen Gefühle nicht identifizieren können, Ottos Ausführungen spätestens von dieser Stelle ab, möglicherweise wiederum unbewußt, mit Gift und Galle folgen.

Die Theorie

Wir werden sehen, wie Rudolf Ottos Theorie auf drei Fragen antwortet. Erstens erklärt er, wie Erleben, wie das »numinose Gefühl« funktioniert. Zweitens erklärt er, wie »die« Religion wurde, was sie ist. Drittens hält er auch eine Antwort auf die Frage nach dem Wesen der Religion bereit.

Wie funktioniert das?

So zu fragen, heißt einem natürlichen Drange folgen. Jedenfalls haben wir als Kinder spätestens am zweiten Weihnachtsfeiertag die flinke Blechmaus auseinandergebogen, um zu sehen, was sie bewegt. So zu fragen hat die moderne Wissenschaft beflügelt, woran uns die Geschichte von Isaak Newton und dem fallenden Apfel unvergeßlich erinnert. Die Religion läßt sich freilich nicht einfach aufbiegen. Deshalb versucht der Mensch, auf Umwegen zu erkennen, was sie »ticken« läßt.

Rudolf Otto präzisiert sein Problem. »Heilig« wird von vielen im Sinne von »vollkommen gut« mißverstanden. Ihm geht es indessen um die irrationale Seite Gottes, also um das Heilige *minus* seines rationalen wie seines sittlichen Momentes. Was übrig bleibt, benennt er mit neuem Namen das »Numinose«. Auf rationale Weise läßt es sich nicht erfassen. Man kann es nicht definieren, man kann es nur erörtern, oder noch richtiger, man kann es nur »zu Gefühl bringen«.

Sodann macht Rudolf Otto Inventur. Er beschreibt eines nach dem anderen, was zur Vollständigkeit des religiösen Erlebens gehört. Das Numinose erleben Menschen im »Gefühl der Kreatur, die in ihrem eigenen Nichts versinkt und vergeht gegenüber dem, was über aller Kreatur ist« (S. 10). Sie erfahren es als »mysterium tremendum«, als schauervolles Geheimnis, als unheimlich, als Gespenstisches. Sie erfahren es als das Übermächtige, das sie zum »Eifern« zwingt. Das Numinose erscheint als das ganz Andere, als das Unfaßliche, als ein Faszinierendes und als das »Augustum«, welches im Menschen ein Gefühl schlechthinniger Profanität auslöst.

Fassen wir zusammen. In seinem Material hatte Rudolf Otto entdeckt: Numinoses läßt sich erleben. Die Analyse des religiösen Erlebens zeigte ihm Faktoren, die regelmäßig zu finden waren. Daraus ergab sich schließlich Gesetzmäßiges. Erstens: Das Numinose lebt in allen Religionen, und ohne Numinoses gibt es keine Religion. Zweitens: Wer es erkennen will, muß es erfahren, und wer es erfahren hat, kennt es. Oder anders gesagt: Wir bekommen das Numinose nur im Spiegel numinoser Gefühle zu sehen. Damit war der Fall gelöst, die Theorie komplett.

Um sie handlich verschnüren zu können, brauchte Rudolf Otto »Bindemittel«. Er fand eines in der Philosophie, genauer bei Immanuel Kant. Von ihm übernahm er das »a priori«. Das Heilige, schreibt Rudolf Otto, ist eine Kategorie a priori, was sowohl für seine rationalen als auch für seine irrationalen Momente gilt. Kant lehrte, daß unsere Erkenntniss mit der Erfahrung anfängt, daß aber nicht all unsere Erkenntnis aus der Erfahrung entspringt. »A priori« nennt Kant, was nicht aus der Erfahrung stammt. Wenn Rudolf Otto sagt, das numinose Gefühl sei a priori, dann meint er dasselbe: Sinnliche Erfahrnisse bilden einen Reiz, der das numinose Gefühl aus dem »Seelengrunde« aufbrechen läßt. Das Gefühl entsteht *durch* die Erfahrnisse, aber nicht *aus* ihnen. »Das aber ist das Kennzeichen aller Erkenntnisse a priori, nämlich daß sie mit der Gewißheit eigener Einsicht in die Wahrheit einer Behauptung auftreten dann, wenn die Behauptung selber klar ausgesprochen und verstanden ist ... Auch Amos als er Jahveh als den Gott des unbeugsamen und des allgemeinen Rechts schlechthin verkündet sagt etwas Neues, und doch etwas das er weder beweist noch für das er sich auf Autoritäten beruft. Er appelliert an Urteile a priori, nämlich an das religiöse Gewissen selber. Und dieses zeugt tatsächlich« (S. 166).

Das Gefühl des Numinosen läßt sich mithin von keinem anderen Gefühl ableiten. Es ist ein Urgefühl, ein qualitativ originales Gefühl. Wie es mit anderen Gefühlen zusammengepackt werden kann, dafür fand Rudolf Otto einen »Bindfaden« in der Psychologie. Es handelt sich dabei um das »Gesetz der Gefühlsgesellung«, welches besagt, daß ein Gefühl x ein ähnliches Gefühl y in uns anklingen läßt. Ähnliche Gefühle ziehen einander an. Daraus folgt: Das Gefühl des Numinosen ruft ähnliche Gefühle in uns hervor. Und umgekehrt: Es gibt Gefühle, die als Reize imstande sind, das numinose Urgefühl in uns zu wecken.

So also funktioniert die Sache. Vor kurzem haben Erziehungswissenschaftler an der Universität im britischen Durham damit begonnen, Rudolf Ottos Theorie vom numinosen Gefühl und wie es geweckt werden kann, in der Praxis zu erproben. Beteiligt waren Schüler einer Gesamtschule. Die meisten kamen aus Arbeiterfamilien, waren an praktischen Themen interessiert, gehörten keiner Religionsgemeinschaft an, waren aber nicht antireligiös eingestellt und besuchten den Religionsunterricht. Anstöße gaben ein Film, Fotos, Poster, Dias, Musik und ein Besuch der Kathedrale von Durham. Die Ergebnisse belegen eindrucksvoll die These Rudolf Ottos: Numinose Gefühle lassen sich wecken.[2]

Zur Frage, wie »das Heilige« funktioniert, gehört auch, wie sich seine rationale und seine irrationale Seite zueinander verhalten. Rudolf Otto war Professor für Systematische Theologie, und den Werktag Systematischer Theologen füllen denkende Zergliederung, Definitionen und Begriffe. Das Christentum besitzt »Begriffe in überlegener Klarheit und Vollzahl«. Das ist »zwar nicht das einzige, auch nicht das hauptsächliche aber ein sehr wesentliches Merkmal seiner Überlegenheit über andere Religions-stufen und -formen« (S. 1 f). An anderer Stelle erklärt er nochmals, was eine »Qualitäts-Kultur- und Menschheits-religion« ausmacht: irrationale Momente bewahren sie davor, zum Rationalismus zu werden, rationale Momente bewahren sie vor Fanatismus und Mystizismus (S. 170).

Demzufolge liegt einiges daran, Rationales und Irrationales zusammenzuhalten. Dafür fand Rudolf Otto ein »Bindemittel« wiederum in der Philosophie Immanuel Kants. Es ist die »Schematisierung«, womit er die gesetzmäßige »Ideenassoziation« oder »Gesellung von Vorstellungen« bezeichnet. Gefühle wie Vorstellungen können sich verbinden. Sie koppeln sich einander an, sofern sie sich bloß äußerlich entsprechen. Fest verbinden sie sich, falls sie wesensmäßig zusammengehören. Das ist der Fall beim Rationalen des Heiligen, zu dem sein Irrationales gehört, wie nach Kant zur Kategorie der Ursächlichkeit die Zeitfolge gehört, als das der Ursächlichkeit gemäße »Schema«.

Noch einmal sei darauf hingewiesen, wie kräftig Theorien von jenen eingefärbt werden, denen wir sie verdanken. Rudolf Otto, Deutscher, Protestant und Theologe, richtet sich wie selbstverständlich nach dem Philosophen Kant. Wäre er Inder gewesen, hätten ihm vermutlich Shankara oder Nagarjuna eher zugesagt. Als Chinese wären ihm Dschuang Dse oder Li Kung vertraut gewesen. Ob Inder oder Chinese oder noch anders, »das Heilige« dürfte uns, vor fremdem Hintergrund und durch fremde »Bindemittel« zusammengehalten, recht fremd erscheinen.

Wie die meisten Theoretiker hat auch Rudolf Otto seine Theorie verfeinert, indem er sie in Sonderfällen zu überblicken und anzuwenden suchte. Den immer neuen Auflagen von *Das Heilige* fügte er Beilagen an. In der elften Auflage wurden sie abgetrennt und erschienen, um neue Beiträge vermehrt, als *Aufsätze, das Numinose betreffend,* aus denen der wiederum erweiterte Ergänzungsband *Das Gefühl des Überweltlichen* entstand. Unter diesen Aufsätzen finden wir als Themen Hymnen aus dem Rig Veda, Varuna-Hymnen, die Urlaute Om, Aum und Aun, das numinose Erlebnis im Zazen und anderes aus nichtchristlichen Religionen.

Wie ist das gewesen?

Wie etwas, von dem niemand wissen kann, wie es war, gewesen sein könnte, dafür braucht man vor allem Theorien. Wie ist die Religion entstanden? Diese Frage prägte die Jugendzeit der Religionswissenschaft. »Animismus«, »Animatismus«, »Dynamismus«, so hießen bekannte Theorien. Als Rudolf Otto sein Buch schrieb, wurde gerade der »Urmonotheismus« modern, der als Depravationstheorie die Evolutionstheoretiker schockierte, weil er in die entgegengesetzte Richtung wies.

Diesen und anderen Theorien von der Entwicklung der Religion fügte Rudolf Otto seine eigene hinzu: Im Vorhof der Religion spukt das Numinose noch als Zauber, Märchen, Allbeseelung. Mit der Idee des Geistes, des Dämon, fängt erst die Vorreligion an. Allmählich wachsen Kultivierung, Versittlichung und Rationalisierung, es entsteht höhere Religion. Für den Theologen endet der Aufstieg auf seinem Gipfel. »Auch nach diesem Maßstab ist das Christentum die schlechthin überlegene über ihre Schwesterreligionen auf der Erde« (S. 171).

Wie er zu seiner historischen Einsicht kam? Rudolf Otto zitiert das »biogenetische Grundgesetz«, welches erlaubt, vom Individuum auf seine Gattung zu schließen. Hier begegnet uns ein Analogieschluß. Analogieschlüsse führen zu Wahrscheinlichkeiten, beim Theoretisieren spielen sie deshalb eine Hauptrolle. Mit der Analogie kann man wie folgt argumentieren. Die geistige Entwicklung der Menschheit spiegelt sich in der Entwicklung heutiger Menschen. Wie es in der Frühzeit war, das läßt sich am Säugling ablesen. Wie sich der Säugling schrittweise zum Kleinkind und immer weiter entwickelt, so dürfte sich auch die Gattung Mensch Stufe um Stufe entwickelt haben. Sowohl der Urmensch als auch wir und andere Zeitgenossen lernten gehen, sprechen, denken. Daraus folgert man, auch andere Entwicklungen würden gleich oder ähnlich verlaufen.

Die historischen Antworten Rudolf Ottos sind theoretisch im Sinne von spekulativ. Ob das Erfassen des Numinosen durch das numinose Gefühl funktioniert, das können alle überprüfen, Gelehrte und Ungelehrte, sofern ihr eigenes numinoses Fühlen geweckt wurde. Freilich, jedermann kann es nicht, aber hier nimmt Rudolf Otto für die Religion nur in Anspruch, was andere von der Musik, der Malerei, der Poesie, der Jurisprudenz, der Philosophie und so weiter erklärt haben: Man muß sich mit einer Sache befaßt haben, bevor man sie beurteilt! Seine Rekonstruktion der historischen Religionsentwicklung kann demgegenüber niemand beurteilen, weil zu wenig von der tatsächlichen Entwicklungsgeschichte erhalten blieb. Anders als spekulativ kann man sich damit nicht befassen. Darum vermag ich Rudolf Otto auch nicht zu folgen, wenn er schreibt, die Entwicklung vom Grauen zum heiligen Erschauern, vom numen zum Gott sei »das erste Hauptmoment, das zu verfolgen Aufgabe der Religionsgeschichte ... ist« (S. 135).

Was ist das?

»Daß sie das Vorkommnis, genannt Religion, ›erklären‹ will ... das ist in der Tat die Aufgabe der Religionswissenschaft« (S. 139). Auch das glaube ich nicht. Es ist wohl eher eine Aufgabe für Religionsphilosophen. Religionswissenschaftler finden Antworten auf die Frage, wie etwas Religiöses funktioniert. Religionsgeschichtler suchen zu ergründen, wie eine religiöse Entwicklung verlaufen ist. Religionsphilosophen fragen nach dem Was, nach dem Wesen. Was ist die Religion? So haben sie gefragt, seit es die Religionsphilosophie gibt. Und sie antworten auf eine besondere Weise, anders als Religionswissenschaftler und Religionsgeschichtler auf Was-Fragen antworten würden. Wie anders, das macht uns ein Religionsphilosoph klar. Paul Tillich schreibt: »Die Religionsphilosophie ... stellt in schöpferischer, produktiver Synthesis fest, was als Religion zu gelten hat. Sie verwendet in ihrer normativen Konstruktion das Material, das ihr die Religionsgeschichte, die Religions-Psychologie und -Soziologie darbieten. Aber sie deckt sich weder ganz noch zum Teil mit einer der genannten Seinswissenschaften. Ihre Aufgabe ist es nicht, Seiendes, sondern Gültiges zu erkennen. Das Tatsächliche ist für sie Material, aus dem heraus sie schafft, aber es ist nicht Ziel ihrer Arbeit«.[3]

Was die Religion ausmacht, was sie unterscheidet von nichtreligiösem Glauben und Handeln, von Philosophie und Wissenschaft, von Sitten und Bräuchen, das haben Philosophen auf ihre Weise oft genug beantwortet. Es wurden allzumal Teilantworten, die benennen, was Religion auch ist. Dennoch eröffnen einige dieser Antworten tiefe Einblicke in das Wesen der Religion, weshalb sie von einer Philosophengeneration an die nächste vererbt werden. Auch die Antwort von Friedrich Schleiermacher (1768–1834) findet sich unter ihnen. Sie lautet: »Ihr Wesen ist weder Denken noch Handeln, sondern Anschauung und Gefühl«.[4]

Schleiermachers Reden *Über die Religion* erschienen 1799. Rudolf Otto hat sie hundert Jahre später zum Jubiläum in ihrer ursprünglichen Gestalt neu herausgegeben und kommentiert. Auch in *Das Heilige* geht er auf Schleiermacher ein. Gefühl gehört für beide wesentlich zur Religion. Das religiöse Gefühl, lehrt Rudolf Otto, ist dem Menschen zwar nicht angeboren, aber jeder Mensch kann es haben, wenn er sich darauf einstellt. Er spricht sogar vom religiösen Trieb, »der erst zur Ruhe kommt wenn er über sich selber sich klar geworden ist und sein Ziel gefunden hat« (S. 140).

Hier hat sich die Frage »Was ist das?« unter der Hand in eine andere verwandelt: »Wie können wir wissen, was das ist?« Beide Fragen haben in der europäischen Philosophie Tradition. John

Locke (1632–1704), Autor des *Essay Concerning Human Understanding*, hat berichtet, wie er zu dieser Wendung gekommen ist. Mit fünf oder sechs Freunden pflegte er über die Prinzipien von Moral und Religion zu diskutieren, doch wieder und wieder stießen sie auf Barrieren, die sich nicht überwinden ließen. Da kam Locke der Gedanke, sie könnten einen falschen Kurs steuern. Wäre es nicht richtiger, vor der Untersuchung einer schwierigen Sache zuerst die menschliche Fähigkeit zu untersuchen und herauszufinden, ob und wie unser Verstehen die Sache erfaßt? Immanuel Kant hat die Wendung ebenfalls vollzogen und gelehrt, daß der Mensch nicht die Dinge an sich erfasse, sondern nur die Dinge als Erscheinungen.

Theorien und Begriffe

Läßt sich eine Theorie denken ohne Begriffe? Normaler Phantasie dürfte das mißlingen. Theoretiker entdecken Regelmäßigkeiten, sie erkennen, was etwas zur Regel werden läßt, sie formulieren, was gesetzmäßig immer und überall erscheint. Dafür brauchen sie neue Namen, mit denen sie benennen, was sonst verschiedene Namen trägt, sie brauchen Kürzel für komplizierte Zusammenhänge.

Wie kommen Theoretiker zu Begriffen? Neue erfinden kann faszinierend sein, aber es verlangt neben poetischer Begabung auch eine glückliche Hand. Selbstgemachte Begriffe treffen nicht immer ins Schwarze, und was danebengeht, klingt gelegentlich ungewollt komisch. Darum bleibt man meist bei Bewährtem und fügt getrost den alten Bedeutungen eines abgegriffenen Wortes eine neue hinzu.

Rudolf Ottos Theorie vom Numinosen und was es im Menschen auslöst, sie lehrt Religionswissenschaftler Bedenkenswertes. Vor allem jene Tatsache, die er selber so formuliert: »Kennen und begriffliches Verstehen ist nicht dasselbe, ist sogar oft in ausschließendem Gegensatz zueinander« (S. 163). Weil »Kennen« viel mehr ins Spiel bringt als begriffliches Verarbeiten von religionsgeschichtlichem Material, sollten Religionswissenschaftler Begriffe nicht überschätzen, selbst die schätzenswerten nicht.

Andererseits kann auch Rudolf Otto auf Begriffe nicht verzichten. Sein Buch enthält Beispiele dafür, wie man zu ihnen kommen kann. Zwei werden wir genauer ansehen. Einer scheint gut gelungen, der andere weniger gut. Seine glückliche Hand zeigt sich an dem Hauptbegriff »das Numinose«. Rudolf Otto hat ihn abgeleitet vom lateinischen Wort *numen,* »göttliches Wesen«. Wie man vom lateinischen *omen* das deutsche Wort »ominös« bilden kann, so auch von *numen* »numinös«. Andere haben diesen Begriff aufgenommen und als religionswissenschaftliches Fachwort benutzt.

Weniger glückte die Wahl des Begriffs für das intuitive Erfassen von Numinosem, für das »Vermögen, das Heilige in der Erscheinung *echt* zu erkennen und anzuerkennen« (S. 173). Diese Fähigkeit nennt Rudolf Otto »Divination«. Als lateinisches Wort steht es für »Sehergabe« und »Ahnung«, als Verb meint es »weissagen« und »ahnen«. Aus dem Lateinischen geriet es in den Alltag europäischer Sprachen, weshalb es schlecht zum religionswissenschaftlichen Fachwort taugt, das etwas Besonderes eindeutig bezeichnen soll.

»Numinos« oder »Divination« wirken wie maßgeschneidert, solange sie in Rudolf Ottos Theorie vom Heiligen stehen. Auf fremde Theorien passen sie wohl nur flickgeschneidert. Es gibt aber auch Begriffe, unsere beiden Beispiele zählen nicht dazu, die geraten derart schlagkräftig, daß sie wie Unkraut überall wuchern.

Ein solches Unkrautwort heißt »Magie« beziehungsweise »magisch«. Im Alltagsleben »erklärt« es, was unerklärlich scheint. Wer von etwas oder jemand »magisch« angezogen wird, weiß nicht recht wieso. In der Religion steht es für Zauberei und ist Gott ein Greuel. In der Wissenschaft bezeichnet es das Gegenteil von Rationalität, gemeinsam mit der Religion übrigens. Religionstheoretiker haben erklärt, was »Magie« sei. Ihrem Wesen nach, so heißt es, ist sie Pseudoreligion. Dient Religion der Gemeinschaft, so dient »Magie« egozentrischen Wünschen. Lehrt Religion beten, so zwingt »Magie«. Kurzum, »Magie« scheint verwerflich, von welcher Seite auch immer man sie betrachtet. Und dennoch bezeichnen Hinz und Kunz in Büchern, im Fernsehen, in Vorträgen Fremdes, weil sie es nicht verstehen und zu erklären wissen, kurzerhand mit diesem Namen für Minderwertiges. Das ist unfair. Als definierter Begriff mag »Magie« Theoretikern nützen, um zu erklären, was »Religion« sein soll. Jenseits der Grenzen einer Theorie gerät das Wort leicht außer Kontrolle. Dann dient es zum Totschlagen aufkeimender Fragen.

Theorien müssen nicht immer ein ganzes Buch füllen, sie müssen auch nicht auf diesen oder jenen Denker zurückgehen. Hinter dem, was wir gelernt haben, stehen allzumal irgendwelche Theorien. Nach ihnen orientieren wir uns. Oft denken wir Gedanken und nennen Namen, ohne gewahr zu sein, welcher Theorie sie entsprießen. Das tun wir überall, auch wenn wir über Religionen reden. Zum Beispiel, wenn wir jene zylindrischen Gebilde, von tibetischen Buddhisten in Bewegung gesetzt, »Gebetsmühlen« nennen. In unserer Tradition heißt »beten«: Gott loben, ihm danken und ihn bitten. Beim Beten sollen wir Ehrfurcht und Liebe empfinden. Wir sollen nicht plappern wie die Heiden. So sagt unsere Theorie, wie Gebet sein soll. »Gebetsmühlen« widersprechen ihr ganz und gar. Mühlen mahlen mechanisch, von Wasser oder Wind, aber nicht vom Geist bewegt. Also müssen wir folgern, mit ihren »Gebetsmühlen« wollten Tibeter ihre Götter hinters Licht führen. Die Tibeter sehen das jedoch anders. Sie bewegen jene Zylinder und sagen zugleich im Stillen ein *Mantra.* Was sie tun, vergleicht sich schlecht mit unserem Gebet. Sie bitten keine göttliche Macht. Sie wecken Kräfte in ihrem Inneren, was nur gelingen kann, wenn in ihnen zuvor ichhafte Wünsche, die Christen zu Bittgebeten motivieren, verstummt sind.

Theorien haben folglich zwei Seiten. Sie erleichtern und sie verkürzen. Sie erleichtern die Religionswissenschaft, weil sie wie Landkarten religiöse »Landschaften« abbilden. Ohne Karten würden wir im Gelände vom Wege abkommen, in Gruben fallen, die Orientierung verlieren. Der Preis für so viel Nützlichkeit ist, daß Theorien die Wirklichkeit verkürzen. Im Lichte einer Theorie erkennen wir einiges und ignorieren alles andere. So kommt es, daß zum Beispiel unsere Theorie vom »Gebet« zu tibetischer Religiosität paßt wie eine Gabel zur Suppe.

2. Der Vergleich

Berühmt werden Akademiker, wenn sie in Fernsehserien auftreten oder eine Theorie entwickeln. Wer das mit der Theorie nicht glaubt, wird gebeten, einige Wochenendbeilagen von Zeitungen durchzublättern. Dort finden sich Nachrichten über allerlei Theorien, die Wissenschaftler auf einem Kongreß oder in einer Fachzeitschrift veröffentlicht haben: was alles Krebs erzeugt oder nicht erzeugt, wie dieses oder jenes im Jahre 2000 sein wird, was sich aus Knochenfunden einer Urmenschenart ableiten läßt und so weiter und so fort. Ganze Wissenschaftszweige gibt es, in denen wenig gilt, wer noch keine Theorie zustande brachte.

Zu diesen Disziplinen gehört die Religionswissenschaft nicht. Am Anfang ihrer Geschichte war die Zeit so, daß viele Menschen mit Interesse lasen, wie die Urreligion ausgesehen haben könnte. Diese Zeiten sind vorbei. Die Religionswissenschaft, so scheint es, entweder das, was sie erforscht oder wie sie es erforscht oder beides zusammen, eignet sich nicht besonders zum Theorienmachen. Rudolf Otto, der weltberühmte Theoretiker, war zuhause in der Theologie und auch noch in der Religionsphilosophie. In der Religionswissenschaft hat er nur gern gastiert. Religionswissenschaftler sind selten auf Theorien aus. Müssen oder wollen sie mit religionsgeschichtlichem Material systematisch verfahren, dann scheint ihnen der Vergleich angemessen. Das war schon immer so, alte Namen für den systematischen Teil unserer Arbeit belegen es. Er heißt in Deutschland »Vergleichende Religionsgeschichte«, in England »Comparative Studies in Religion«, in Frankreich »Étude comparée des religions«.

Religionen wurden verglichen, lange bevor es die Religionswissenschaft gab. Die Europäer kannten den Religionsvergleich aus der Bibel, und sie haben ihn mit allen Mitteln im Laufe ihrer Geschichte praktiziert. Spuren davon sind bis heute sichtbar, alte Einstellungen wurden überliefert, aber auch neue Möglichkeiten erscheinen am Horizont.

Vergleiche, die Fremdes erniedrigen

Jeder weiß, wie politische Propagandisten Vergleiche für ihre Zwecke einsetzen. Wie religiöse Propagandisten es tun, das mag in entsprechender Literatur nachlesen, wer will. Wir wollen hier auf jene Vergleiche zu sprechen kommen, die wir arglos, ohne propagandistische Hintergedanken, nachsprechen. Als lebten wir noch vor hundert Jahren, reden wir beispielsweise wie selbstverständlich von »heulenden Derwischen« oder von »Ahnenverehrung«. Hier verzerrt der falsche Teil den richtigen des Ausdrucks.

Derwisch heißt auf deutsch »Armer«. Unter Muslimen bezeichnet das Wort einen Mystiker. Orthodoxe Muslime halten die Mystik für einen Irrweg, weil mystische Gottesliebe Allah vermenschliche und die Grenze zwischen Schöpfer und Geschöpf nicht streng genug achte. Darum sind Derwische nur eine geduldete Minderheit unter Muslimen.

»Heulen« nennen wir, wenn Hunde oder Kinder langgezogene Klagelaute ausstoßen. Der erste oberflächliche Eindruck reichte aus, um diesen Vergleich für hundert Jahre und länger zu fixieren. Heulen Derwische? Sie folgen der koranischen Weisung, Gott im Herzen zu halten und ihn mit den Lippen zu preisen. Gott trägt die schönsten Namen. Wenn der Mensch einen Namen Gottes ausspricht, preist er ihn. »Er« ist ein Gottesname. *Hu* heißt das arabische Wort für »Er«. Indem Derwische gemeinsam und rhythmisch Gott mit seinem Namen *Hu* preisen, geraten sie nach und nach in einen Zustand der Ekstase.

Das Wort »Ahnenverehrung« gehört zu jener Zeit, in der Europäer über fremde Völker herrschten. Spanier sprachen vom »culto de los antepasados«, Engländer von »ancestor worship«. So etwas bekämpfen christliche Missionare als Sünde wider das erste Gebot. Europäer verglichen den eigenen mit fremdem Glauben. Wie falsch das Ergebnis oft ausfiel, dafür dieses Beispiel: Maori sagen *Atua.* In europäischen Sprachen fehlt ein entsprechendes Wort. Daher übersetzen Europäer *Atua* mal mit »Ahn«, mal mit »Häuptling«, mal mit »Gott«.

Die christliche ist eine Missionsreligion, deren Botschaft aller Welt gilt. Mit Ahnen einer Großfamilie, eines Stammes oder auch eines Volkes wüßten Christen nichts anzufangen. Schlimmer noch, solche Ahnen würden die Mission nicht unwesentlich behindert haben. Dennoch gibt es auch christliche Ahnen. Anstatt fleischlicher sind es geistliche, und die verehren Christen nicht weniger ehrfürchtig: Mönche und Nonnen ihre Ordensgründer, Protestanten ihre Reformatoren, Katholiken ihre Namensheiligen und so weiter. Von der Funktion her ist der Unterschied gering. Trotzdem blieb dieser falsche Vergleich lebendig bis heute. Europäer gebrauchen ihn nicht einmal ungern, vielleicht in der Hoffnung, »Ahnenverehrung« sei derart exotisch, daß sie sich wenigstens hierin sündlos fühlen dürften.

Es mag fremde Propagandisten geben, die unsern Glauben mit Vergleichen erschüttern möchten. Nicht mit ihnen wollen wir uns jetzt aufhalten. Arglose Absichten beim Vergleichen, die mit Propaganda nichts zu tun haben, das ist unser Thema. Dennoch, arglose Vergleiche werden nicht weniger gefürchtet als gezielte Propaganda. Wo es ging, hat man sie vor den Gläubigen verborgen und auf einen Index gesetzt. Heute noch spricht man nicht gern über dergleichen.

Als Europäer begonnen hatten, sich mit den Religionen Indiens bekannt zu machen, stießen sie bald auf verblüffende Parallelen zum Leben Jesu, wie es im Neuen Testament und in apokryphen Schriften überliefert wird. Auf übernatürliche Weise hat seine Mutter auch den Buddha empfangen. Krishna wurde nach seiner Geburt Hirten untergeschoben, die auf dem Felde kampierten, denn sie waren von überallher gekommen, um dem König die fälligen Steuern zu zahlen. Das rettete Krishnas Leben. Als der König, der ihm nachstellte, von der Rettung hörte, ließ er alle Knaben gleichen Alters morden. Die Geburt Gotama Buddhas gewahrte in der Ferne ein Weiser durch Himmelszeichen. Er machte sich auf, suchte das Kind, fand es und betete an. Als der Knabe Gotama zum ersten Mal in den Tempel gebracht wurde, erkannten die Götter sein wahres Wesen und huldigten ihm. Am ersten Schultag erstaunten die Lehrer über das reife Wissen dieses Kindes.

Was Christen durch Jahrhunderte für einmalig gehalten hatten, was ihnen die Göttlichkeit Jesu vor Augen stellte, das erzählt man also von andern auch! Gelehrte dachten sich Theorien aus, welche Überlieferung wohl die ältere sein könne und auf welchen Wegen sie entweder aus Indien nach Palästina oder aus Palästina nach Indien gelangt sei. Eine dritte Möglichkeit wäre, daß beide Traditionen unabhängig entstanden. Mythische Bilder vermitteln hier wie dort, was Theologen in Begriffe wie »Inkarnation«, »Herabkunft«, »Herr der Welt«, »Erlöser der Menschheit« fassen. Wenn sich die Begriffe gleichen, warum nicht auch die Bilder? Und wenn indische Bilder den unsern gleichen, warum nicht auch chinesische oder indianische oder melanesische? Eine traditionelle afrikanische Religion überliefert die eschatologische Erwartung eines Königs, der wiederkommen wird, um ein Friedensreich zu errichten. Aus vergangenen Zeiten kennen Afrikaner die Möglichkeit, daß der älteste Sohn des Königs sein Leben hingibt als letztes Mittel, um sein Volk aus schlimmer Not zu erlösen, und daß dann alle seinen Leib in einem Kommunionsritus zu sich nehmen.

Vergleiche, die Eigenes vertiefen

Angesichts der beschriebenen Lage bleiben Christen verschiedene Möglichkeiten. Sie könnten sich auf den Standpunkt stellen »nun erst recht!« und wie bisher »die Wahrheit«, das ist selbstverständlich überall der eigene Glaube, gegen »die Lüge« der anderen setzen. Das Gegenteil wäre, wenn sie sich von ihrer Religion enttäuscht abwendeten, weil sie von ihrer Einmaligkeit verlor. Wer der dritten Möglichkeit folgt, nimmt die Dinge, wie sie sind, und macht aus ihnen das Beste.

Psychologen warnen vor falschem Vergleichen, weil es neurotisch mache. Sie meinen Menschen, die sich ständig mit anderen vergleichen: »Sie sind besser oder schlechter als ich, klüger oder dümmer als ich, schöner oder häßlicher als ich« und so weiter. Solche Vergleiche gehören zum täglichen Futter für ein »Sieger-Ich« oder auch für ein »Verlierer-Ich«. Das eine wie das andere hintertreibt die Entfaltung der Persönlichkeit. Gläubige sind Menschen, folglich kann es geschehen, daß sie auch dort, wo es um ihren Glauben geht, um ihr »Religions-Ich«, in neurotischer Manier denken, reden und handeln.

Das Beste aus Religionsvergleichen machen, es bedeutet, das Eigene mit Hilfe des Fremden entdecken lernen. Christen brauchen die Ergebnisse der Religionswissenschaft nicht zu fürchten, sie dürfen sie für ihre Zwecke nutzen. Die meisten Religionswissenschaftler wären allerdings dankbar, wenn die Früchte ihrer Arbeit nicht mißbraucht würden als Munition gegen fremde Religionen. Viele Religionswissenschaftler würden sich hingegen freuen, wenn sie zu Religionsvergleichen beitragen, die den eigenen Glauben, hüben wie drüben, klären helfen.

Religionswissenschaftliche Vergleiche mit zweien

Vom vorschnellen Urteil gilt: Je weniger wir eine fremde Sache kennen, desto sicherer fällt unsere Meinung über sie aus. Und je besser wir sie kennenlernen, desto vorsichtiger urteilen wir. Denn was wir kennenlernen, sind verschiedene, manchesmal auch widersprüchliche Seiten der fremden Sache, die uns so fremd nun nicht mehr ist. Vergleichen vertieft unsere Kenntnis, erschließt neue Einsichten. Ist die fremde Sache eine fremde Religion, dann gibt es keine besseren Kenner als deren Gläubige. Geht es um einen Vergleich, um zwei Religionen also, dann kennen sich am ehesten Religionswissenschaftler aus.

Was vergleichen Religionswissenschaftler? Von jeher vergleichen sie, wie etwas ist und wie es sich von einer Religion zur anderen unterscheidet. Sie vergleichen häufig Begriffe, den jüdischen mit dem islamischen Sündenbegriff zum Beispiel. Sodann vergleichen sie Lehren, wie die islamische mit der christlichen Engellehre. Sie vergleichen Riten, das Opfer in dieser und in jener Religion. Sie vergleichen ethische Normen. Sie vergleichen Organisationen, die der Benediktiner beispielsweise mit der des Zen. Sie vergleichen religiöse Spezialisten, etwa Shinto- und Mormonen-Priester.

Wie vergleichen Religionswissenschaftler eines mit einem anderen? Nehmen wir an, wir sollten die Sache X in den Religionen A und B vergleichen. Als erstes werden wir herausfinden müssen, wie die Sache X aufgebaut ist: aus welchen Aspekten sie besteht und wie diese sich zur Sache X zusammenfügen. In einem zweiten Schritt sollten wir uns vergewissern, wie die Sache X in die Glaubenssysteme A und B eingebaut ist. Das zeigt uns, ob die Sache X in der Religion A und die Sache X in der Religion B vergleichbar sind. Sind sie es, dann können wir beide vergleichen, das heißt feststellen, ob und wie sich X aus A von X aus B unterscheiden oder ob beide die gleichen Merkmale in gleichem Umfang besitzen.

Wir sollten nur vergleichen, was vergleichbar ist. Ein Beispiel fürs Gegenteil: Man vergleicht »Gott«, und zwar die Gottesvorstellung einer monotheistischen Religion, die jüdische oder christliche oder muslimische, mit der »Gott«-gestalt aus einer nichtmonotheistischen Religion. Der eine und einzige, Schöpfer und Erhalter der Welt, Herr über Leben und Tod auf dieser Seite und auf der anderen ein »Gott« mit begrenzter Macht, abhängig von anderen Mächten und vielleicht auch noch von seinen Gläubigen. Beide Vorstellungen scheinen ähnlich aufgebaut: Beide Götter haben Macht, der eine alle, der andere beschränkte, beide sind unsichtbar, jenseitig, den Menschen überlegen und so fort. Doch eingebaut sind sie verschieden. Im monotheistischen Glaubenssystem nimmt Gott das Zentrum ein. Im nicht-monotheistischen Glaubenssystem steht im Zentrum eine »Macht«; persönlich vorgestellte »Götter« sind mehr oder weniger weit vom Zentrum entfernt eingebaut. Daraus folgt: Die beiden Gottesvorstellungen sind nicht vergleichbar! Vergleichbar wäre das eine Zentrum mit dem anderen, also der monotheistische Gott mit der nicht-monotheistischen »Macht«. Vergleichbar wären auch die »Götter« am Rande mit monotheistischen Engeln oder Heiligen.

Untersuchen wir, wie etwas ist, wie es aufgebaut und eingebaut ist, dann steht das Untersuchte still, damit wir es von allen Seiten und in Ruhe betrachten können. Stillstehen ist das Gegenteil von Gehen. Wir könnten eine stillstehende religiöse Vorstellung studieren, in ihrer offiziellen Formulierung etwa. Wir könnten auch fragen: Wie geht das? Dann bekommen wir es mit Vorgängen, Abläufen, Prozessen zu tun. Dann kommt die Zeit ins Spiele und häufig haben mehrere Dinge, die wir sonst einzeln und für sich vergleichen, Anteil an einer religiösen Funktion. Fragen wir zum Beispiel, wie Sündenvergebung in den Religionen A und B funktioniert, dann müssen wir herausfinden, wie und wann der Mensch sündigt, wer oder was seine Sünden vergibt, unter welchen Bedingungen, in welcher Form und so weiter.

Wie etwas ist und wie etwas funktioniert, beide Befunde ergeben zusammen einen runden Vergleich. »Die Götter antworten im Orakel«, so läßt sich beispielsweise eine Funktion beschreiben. Diese Funktion bleibt gleich, auch wenn die Orakelgeräte, deren Bild oder Beschreibung man sonst isoliert vergleicht, so unvergleichbar scheinen wie das *Ifa*-Orakelbrett der Yoruba und die Nierenhölzer der Chinesen.

Wie etwas gebaut ist und wie es allein oder im Verein mit anderen funktioniert, das vergleicht man zumeist in seiner offiziellen Erscheinung. Es geht mithin um ein Ideal, um eine Norm der Religion A und der Religion B. Davon unterscheidet sich oft, was tatsächlich ist. Um die Wirklichkeit zu erkunden, wird man religiöses Verhalten erforschen. Das Ergebnis aus der Religion A und das aus der Religion B kann man wiederum vergleichen. Der komplette Vergleich eines Themas umfaßt mithin Antworten auf drei Fragen: (1) Wie ist etwas aufgebaut und eingebaut? (2) Wie funktioniert es? (3) Wie gehen die Gläubigen damit um?

Vergleichen aus zwei Religionen begegnen wir oft in religionswissenschaftlicher Literatur. Bei ähnlichen, etwa bei zwei monotheistischen Religionen, enthüllt der Vergleich Unterschiede, die man auf den ersten Blick nicht sieht. Bei zwei offensichtlich verschiedenen Religionen, bei Buddhisten und Maori beispielsweise, bringt er unvermutete Ähnlichkeiten ans Licht.

Was bei Vergleichen mit mehr als zwei Religionen schwer möglich ist, hier fällt es noch leicht: Man kann in die Breite gehen, die Glaubenssysteme und sogar die kulturellen Systeme einbeziehen. Aus diesem Grund eignet sich der Vergleich eines mit einem zweiten auch zur Überprüfung mancher Theorien. Es gibt, um ein Beispiel zu nennen, die Theorie, ähnliche gesellschaftliche, ökonomische, ökologische Gegebenheiten bedingten ähnliche Religionsformen. Um das zu überprüfen, hat man zwei Religionen ausgewählt. Deren Umwelt und Kulturen waren ähnlich, verschieden waren Ort und Zeit ihrer Existenz. Dann analysierte man jede für sich, ihre Mythen und Riten, ihre Götter und die Organisation ihrer Gemeinschaft. Der Vergleich förderte Ähnlichkeiten zutage, die beweisen, daß Nomadenreligionen von ihren Herden geprägt sind.

Religionswissenschaftliche Vergleiche mit vielen

Eine einzelne Religion können wir kennenlernen ohne Vergleichen. Sie ist einmalig. Wie einmalig, das dürfte uns freilich erst klar werden, wenn wir sie mit anderen Religionen vergleichen. Neben ihrer Einmaligkeit kommen dabei auch Ähnlichkeiten zum Vorschein. Ohne den Religionsvergleich wüßten wir zum Beispiel nichts von Religionsfamilien.

Manchesmal interessieren sich Religionswissenschaftler anstatt für eine bestimmte Religion für einen bestimmten Begriff oder für eine bestimmte Lehre oder für eine bestimmte Gesellungsform. Dann weiten sie ihre Suche nach Vergleichbarem von zwei auf viele aus.

Wo sie suchen, hängt davon ab, wofür sie suchen. Manche fangen an mit einem Verdacht und suchen, was ihre Theorie unterstützt. Sie brauchen religionsgeschichtliches Material, das ihre Idee belegt, sie brauchen nicht mehr und nicht weniger. Sobald die Belege ausreichen, vergeuden sie keine Zeit und hören mit der Suche auf.

Nehmen wir einmal an, das Thema hieße »Krieg und Frieden«. Manche, die Religionen für überholt halten, haben religionsgeschichtliche Belege gefunden für ihre Theorie, Religionen förderten Kriege. Dabei kam ihnen jeder Beleg zupaß. Die Religionsgeschichte systematisch abzusuchen, diese Arbeit haben sie sich erspart. Irgendein Buch, vom Zufall entdeckt, sei es über eine ferne Religion oder über eine nahe Religion in einer fernen Zeit, war ihnen willkommen, solange es ihre Ausgangsthese bestätigte. Auf der anderen Seite gibt es Gläubige, die mit ähnlichen Belegen beweisen wollen, wie friedfertig ihre Religion im Grunde ist.

Dieses Verfahren verführt zu einer Weise, Theoretisches mit religionsgeschichtlichem Material zu dekorieren, die auch religionswissenschaftlichen Autoren nicht ganz fremd blieb. Ich meine Sätze wie »So glauben auch die Zulus dies oder das« oder »Die Sioux nennen es so und so« oder »Die XY kennen nicht die Funktion der Zeugung, denn sie sagen, ihre Kinder kämen von Gott«. Solche Sätze haben ihre Zitierer offensichtlich nicht überprüft, sie wissen nicht, ob und wo sie im fremden Glaubenssystem eingebaut stehen. Zitate dieser Art gleichen Blümlein am Wege, zufällig gefunden und abgepflückt.

Was heißt »religionsgeschichtlich überprüfen«? Es bedeutet, daß man nicht nur nach nackten Tatsachen, sondern auch nach deren Erklärungen sucht. Religionsgeschichtliche Erklärungen geben Gläubige. Auf sie kommt es an! Wie sich Religionswissenschaftler etwas erklären, das ist eine andere Sache. Nehmen wir als Beispiel einen geheimnisvollen Ritus der Maori, der »(Latrinen-)Balken beißen« *(ngau Paepae)* heißt. Bei den Maori scheint »beißen« eine rituelle Geste gewesen zu sein. Der Nachfolger eines Priesters »biß« zum Beispiel die Schädeldecke seines sterbenden Vorgängers auf dem Höhepunkt der Übergabezeremonie. Die Dorflatrine war ein außergewöhnlicher Ort, weil sich hier Menschen mit viel und wenig *Tapu* und mit einer Kraft, die *Tapu* auslöscht, nahe kamen. Auch Zauberer, auf der Suche nach Materie von künftigen Opfern, wurden angelockt und mußten abgeschreckt werden. Das Wichtigste aber war, daß der Latrinenbalken die Grenze zwischen Hier und Dort markiert, zwischen Leben und Tod. Denn wie Lebensmittel und Leben auf eine Seite, gehören Exkremente und Tod auf die andere. Dies ist eine religionsgeschichtliche Erklärung, die auf Aussagen von Maori fußt. Gelehrte haben ihren Lesern diesen

Ritus als »Fetischismus«, als »Phalluskult«, als »Mutprobe« oder auch als Vorstellung erklärt, im Balken sei *Mana*, welches, wie einer von ihnen sich ausdachte, in Form von »Seelenstoff« durch die Geschlechtsteile hindurch ins Holz gelangt sein müsse.

Religionswissenschaftler dürften Religionen für überholt nicht halten, wollen sie ihrer Arbeit freudig nachgehen. Sie werden mithin beides belegen, Kriegerisches wie Friedfertiges, Negatives und Positives. Die Religionsgeschichte, alle bekannten Religionen also, werden sie systematisch durchgehen, weil sie bei der Suche den Überblick behalten und keine Religionsfamilie übersehen möchten. Doch Vorsicht, ihre Belege dürfen dabei nicht ins Gigantische wachsen. Aus diesem Grunde wählen auch Religionswissenschaftler aus, was in ihre Vergleiche paßt, die freilich alle Seiten zu Wort kommen lassen, und sei es auch noch so kurz.

Mit einem Verdacht anfangen und dann nach vergleichbaren Belegen suchen, ist ein Weg. Ein zweiter fängt mit vergleichbarem Material an. Es liegt vor, ist längst da und schreit geradezu danach, wissenschaftlich geordnet und in ein System gebracht zu werden. Dieser Vergleich geht über zwei Religionen hinaus, sofern drei, vier, fünf andere einen Beitrag zum gemeinsamen Thema beisteuern.

Wo es Religionen gibt, dort gibt es auch religiöses Material, das religionssystematisch noch nicht geordnet wurde. Man braucht nur hinzusehen. Die allermeisten Religionswissenschaftler auf der Erde sind Europäer. Sie leben entweder in der Alten oder in der Neuen Welt, hier wie dort mitten unter anderen Europäern. Was können sie sehen?

Die meisten sehen zu neunzig oder mehr Prozent Christliches. Manche sehen auch noch Jüdisches, doch die meisten sehen es vor allem als Quelle oder als Kontrast von Christlichem. Gymnasial Gebildete haben die Religionen der Griechen und Römer im Blick, germanistisch Gebildete bringen Germanisches in den Vergleich. So war das Angebot, aus dem die klassischen religionswissenschaftlichen Typologien entstanden sind. Inzwischen wuchs eine Generation heran, zu deren Allgemeinbildung auch Kenntnisse über Zen und Vedanta zählen, wenn auch mehr praktischer als theoretischer Natur.

Was ist typisch für Vergleiche nach klassischer Art? Machen wir ein Beispiel. Segnen gehört als unübersehbarer Bestandteil zum christlichen Gottesdienst. Ein Vergleich von Segensarten, Segensanlässen, Segensformen im Christentum ergibt eine feste Basis. Weiteres Vergleichsmaterial liefert die Bibel. Der Segen im Alten Testament lenkt schließlich den Forscherblick auch noch aufs Judentum mit seiner reichen nachbiblischen Literatur. Selbstverständlich wird auch die europäische Vergangenheit nicht vergessen, die Religionen der alten Griechen, Römer und Germanen. Am Ende ordnet man die Ergebnisse nach Merkmalen, und fertig ist die Typologie.

»Typologie des Segens«, so wird sie vermutlich genannt werden, was so klingt, als sei der Vergleich weltweit gewesen, obschon niemand aus ihm lernen könnte, ob auch Balinesen oder Apachen oder Taiwanesen segnen, und wenn ja, wie sie es tun und wann. Manche Autoren garnieren ihre europäischen Vergleiche gern mit exotischer Petersilie, indem sie ganz nebenbei das Segnen im Ituri-Urwald oder auf einer Insel im Beringmeer erwähnen. Nötig wäre es nicht. Solange europäische Leser Vertrautes wiederfinden, kümmert sie wenig, wie weltfremd ein Vergleich entstand.

Religionswissenschaftliche Vergleiche mit allen

Eine Religion ist eine Art Organismus, ein aus Teilen zusammengefügtes Ganzes. Verglichen werden Teile. Das beginnt innerhalb einer Religion. »Mönchtum im Christentum« wäre ein Beispiel. Man vergleicht, was von den Anfängen des Mönchtums bekannt ist, vom Mittelalter, der Neuzeit, in der Kirche des Westens und in der des Ostens. Genauso geht man im Buddhismus vor und vergleicht das Mönchtum dort von Anfang bis heute, in Indien und Ostasien, in den verschiedenen Richtungen dieser Lehre. Dann folgt der Vergleich »Mönchtum im Buddhismus und im Christentum«.

Bei einer Religion findet sich Material in Fülle, bei zweien, sollte man meinen, türmten sich die Befunde zu einem kleinen Gebirge. Das Gegenteil ist der Fall. War man sich bei einer Religion noch unschlüssig, ob dieses oder jenes Merkmal für »Mönchtum« wesentlich sei, durch Vergleichen wird man sicher. Als wesentlich gilt dann, was in beiden Religionen zu finden ist. Von da ab geht es wie im Märchen: Je mehr »Mönchtümer« in den Vergleich kommen, aus dem Hinduismus, dem Taoismus und anderswoher, desto mehr schrumpft die Zahl der charakteristischen Merkmale. Am Ende steht der Universalbegriff »Mönchtum«, der jedwedes Auftreten in der Religionsgeschichte einschließen sollte.

So gut wie immer raten Religionssystematiker, kommen sie aufs Vergleichen, von unten nach oben zu gehen. Schritt für Schritt und ohne etwas auszulassen. Innerhalb jeder Religion und dann alle Religionen miteinander, dieser Weg führt zu idealen Ergebnissen. Ein solcher Bau würde jedoch in die Wolken ragen, und es fehlen die Arbeitskolonnen, die ihn Stockwerk um Stockwerk errichten müßten.

In der Not vergleichen Religionssystematiker anstelle von allen möglichst viele. Das macht sicherer als zwei. Es könnte nämlich sein, daß wir ausgerechnet auf die beiden unüblichen Belege aus achtundneunzig üblichen hereinfallen. Wir wollen sichergehen, deshalb brauchen wir viele Fälle zum Vergleichen.

Universalbegriffe sind religionssystematische Ziele des Vergleichens. Es gibt auch religionsgeschichtliche Ziele. Religionshistoriker müssen vergleichen, wenn sie Ungeregeltes, Nicht-Genormtes überblicken wollen. Geregelt ist beispielsweise die katholische Meßfeier. Überall auf der Welt halten sich Priester und Gemeinden an die eine Norm. Gewiß gibt es regionale Eigentümlichkeiten in Mexiko und anderswo, doch das Eigentliche bleibt überall gleich. Wollen wir also die katholische Meßfeier studieren, wäre Vergleichen unnütz. Die Norm genügt, und die finden wir in einem Buch, das uns jede Pfarrbibliothek leihen würde. Aber was sollen wir tun, wenn wir jenen Ritus kennenlernen wollen, mit dem manche Regen machen? Eine Norm gibt es für ihn nicht, keine regionale und schon gar keine weltweite. Hier hilft nur Vergleichen.

Dann gibt es drei Möglichkeiten. Die ersten zwei kennen wir schon. Wir könnten zwei Regenriten aus verschiedenen Epochen und Erdteilen vergleichen und dabei riskieren, Unregelmäßiges als die Regel auszugeben. Oder wir könnten möglichst viele Beispiele sammeln und diese auf einen Nenner bringen, wobei uns mancherlei unterkommen dürfte, das religionsgeschichtlich nicht abgesichert werden kann. Oder, und dies ist die dritte Möglichkeit, wir könnten alle in den Vergleich einbeziehen. Alle könnte man mit einem Team qualifizierter Mitarbeiter erfassen, doch nur zehn für ein religionswissenschaftliches Unternehmen zu bekommen, würde einem Wunder gleichen. Wer auf Wunder nicht warten will und mithin allein arbeitet, hat dennoch eine Chance, wenn er den Vergleich begrenzt. Begrenzend vergleichen wir alle innerhalb eines geographischen oder eines Stammes- oder eines zeitlichen Bereichs.

Hierfür ein Beispiel. Ich wähle jenes aus, das ich am besten kenne.[1] In Afrika kann man auf Zeitgenossen treffen, die sich »Prophet« oder »Prophetin« nennen. »Afrikanische Propheten«, das ist keine genormte religiöse Spezialisierung, folglich kann man sie nur durch Vergleichen kennenlernen. Ein erster Schritt war die Begrenzung auf Westafrika. Von fünfzehn Propheten entdeckte ich vergleichbares Material. Von dreißig anderen ließ sich nicht viel mehr als der Name ermitteln. Dann rechnete ich noch einmal dreißig ganz und gar unbekannte hinzu und fand, daß ein Fünftel den Vergleich rechtfertigen würde. Als zeitliche Begrenzung ergaben sich fünfzig Jahre, von 1910 ab gerechnet, als der erste westafrikanische Prophet, von dem wir wissen, zu wirken begann.

Was sind westafrikanische Propheten? Vergleiche zeigten, daß alle von Berufungsserlebnissen berichtet haben. Sie sind Berufene, das ist ihr gemeinsames Merkmal. Und wie funktioniert westafrikanisches Prophetentum? Weitere Vergleiche zeigten, daß ihre Berufung mit ihrem Beruf verknüpft war. Verkündende Propheten hatten Offenbarungen empfangen und predigten seither Gottes Heilsplan. Andere Propheten behandelten Kranke und Notleidende. Ihnen war Heilungswissen offenbart worden, Berufsgeheimnisse zum Segen Notleidender. Einige Propheten konnten weissagen, denn sie hatten seherisches Wissen empfangen. Und wie verhalten sich jene Spezialisten im religiösen Berufsalltag? Die heilenden Propheten verfügen über »Gebetskraft«, die manche durch heiliges Wasser, Öl und anderes verstärken. Man könnte sie auf den ersten Blick mit traditionellen Heilern verwechseln, würden sie nebenher nicht auch noch predigen. Die anderen Propheten sind nur Prediger. Zu Anfang haben predigende Propheten ganze Dörfer, ganze Landstriche zum Christentum bekehrt. Später haben sie versucht, afrikanische Christen zu einer neuen Offenbarung zu bekehren: zum schwarzen Christus, der unerkannt in Afrika wirkt.

Die Vergleichspunkte wurden mir vom Material diktiert. Hätte ich anderes Material gefunden, ich hätte anderes vergleichen müssen. Vielleicht hätte jemand anders am selben Material noch andere Vergleichspunkte entdeckt. Was folgt daraus? Monographische Vergleiche aller innerhalb einer Begrenzung fallen zu verschieden aus, als daß man sie gleichsam Stein auf Stein zu einem größeren Vergleich zusammenfügen könnte. Man müßte sie zuvor einander anpassen. Ob sie das ohne größere Verluste überstehen könnten, bleibt ungewiß.

3. Das Phänomen

Schön wäre, wenn Religionswissenschaftler es so machen könnten wie Naturwissenschaftler, die nach und nach überall alle vergleichen. Zum Beispiel alle Arten einer Vogelspezies: von Deutschland arbeiten sie sich durch ganz Europa, durch ganz Afrika, ganz Amerika und so weiter, bis sie alle Varianten kennen. Doch leider geht es bei uns anders zu. Naturwissenschaft unterscheidet sich von Religionswissenschaft wie ein Staatsgut von einem Schrebergarten: Religionswissenschaftler arbeiten in Ein-Mann-Betrieben.

Wie macht man das Beste aus dem, was man hat? Es gibt zwei Möglichkeiten. Entweder passen wir unserer Ein-Mann-Forschung kleine Ziele an, die sich auf dem üblichen Weg allein erreichen lassen, oder wir behalten umfassende Ziele bei und suchen nach einer Abkürzung. Theorien sind solche Abkürzungen. Ein Denker, ein einzelner, setzt sich an seinen Schreibtisch und stellt sich vor, was in Afrika oder anderswo nur ein Bus voll mit religionswissenschaftlichen Feldforschern herausfinden könnte. Aber irgendwie taugt unsere Wissenschaft schlecht für Theorien. Zum Glück gibt es da noch eine zweite Abkürzung, die Religionsphänomenologie. Auch hier setzt sich ein einzelner an einen Schreibtisch und kommt geradewegs und ohne großen Aufwand zur Erkenntnis des Wesentlichen. Diese Abkürzung sind Religionssystematiker schon öfter gegangen.

Klassische Religionsphänomenologien

Gerardus van der Leeuw (1890–1950), Professor der Religionsgeschichte an der Universität Groningen, hat als erster Religionsphänomenologie betrieben. Wie, das beschrieb er zuerst 1924 in einem Buch, das im folgenden Jahr in deutscher Übersetzung als *Einführung in die Phänomenologie der Religion* vorlag[1]. Ihm entnehmen wir folgende methodologische Anweisung:

»Wir fragen uns: *wie sehen die Gegenstände des religiösen Lebens aus?* Sollen wir uns aber davon eine klare Vorstellung bilden, so werden wir nicht fertig mit der bloßen Feststellung des Faktischen. Diese bringt uns nur vor ein Chaos ... Wir wollen wissen, was ein Opfer, ein Fetisch, was Mystik ist. Dazu müssen wir anfangen, die Gegenstände des religiösen Lebens zu klassifizieren, versuchen zu ermitteln, was eine Handlung zum Opfer, was einen verehrten Gegenstand zum Fetisch, was eine Art der Frömmigkeit zur Mystik macht. Wir müssen dann die verschiedenartigen Phänomene zueinander in Beziehung bringen, das Gleichartige zusammenstellen, das Entgegengesetzte trennen. – Man wolle diese unsere Methode aber keineswegs so verstehen, als ginge sie darauf aus, die Phänomene auf Formeln zurückzuführen, das Ganze einzuschließen in ein geschlossenes System mit Rubriken und Schlagwörtern. Ein solches System kann nützlich sein, aber nur als Hilfsmittel. Es kann nicht, wie es denn überhaupt kein System vermag, die Wirklichkeit umfassen oder auch nur unserm Verständnis näherbringen. Es versieht uns, wenn es uns seine Formeln und seine Terminologie zur Verfügung stellt, mit einer Anzahl sehr nützlicher Kleiderhaken; die Kleider müssen wir selbst erst noch aufhängen. Unser Zweck ist daher, die Gegenstände zu klassifizieren und nach ihrem eigentlichen Wesen, so vollständig es uns möglich ist, *zu beschreiben.* Dazu wollen wir immer wieder der eigentlichen Religionsgeschichte charakteristische Beispiele entnehmen, die Geschichte des Judentums und des Christentums einbegriffen. Wir könnten nicht, wie der Historiker im engeren Sinne, bei einer Religion oder einer Religionsgruppe stehenbleiben. Denn die Einheit und Gleichartigkeit der Phänomene endet nicht bei den nationalen und konfessionellen Grenzen. So wollen wir versuchen, in fortwährender Berührung mit dem Besonderen zum Allgemeinen vorzudringen, und umgekehrt von unseren allgemeinen Gesichtspunkten aus wieder das Besondere sehen« (S. 3–4).

G. van der Leeuw rät uns hier zu einer Methode, die Altes und Neues zusammenfügt. Alt ist das Bedürfnis, Ordnung in das Chaos des Faktischen zu bringen. Das nennt man »klassifizieren«.

Alt ist auch das Verfahren, an die Kleiderhaken geliehener Terminologien selbstgefundene Belege zu hängen. Es deckt sich zu einem Teil mit jenem Verfahren, das im letzten Kapitel als »Vergleichen von vielen« beschrieben steht. Neu ist das Erkenntnisziel: »Wie sehen die Gegenstände des religiösen Lebens aus?« Neu ist auch die Darstellungsart: die Gegenstände »nach ihrem eigentlichen Wesen zu beschreiben«.

Seine Ernte hat G. van der Leeuw 1933 publiziert, die berühmte *Phänomenologie der Religion.*[2] Sie birgt die Früchte seiner religionsphänomenologischen Forschungen. Hier können wir nachlesen, was er auf dem neuen Weg zustande brachte. Damit wir klar sehen, greife ich jetzt ein Phänomen heraus, dessen Beschreibung nicht zu lang und dennoch vollständig sein sollte. Das trifft zu auf den § 51 »Sakramentalien«, und dort auf die Numero 2: »Essen und Trinken«.

Der Autor beginnt mit der Klassifikation von Essen und Trinken als einem »richtigen *sacramentale*«. Das ist eine Klasse, die sich von der Klasse »Sakrament« freilich nicht klar unterscheiden lasse. Es folgt eine Szene aus »Die Priester« von Nikolaj Leskow. Im alten Rußland nahmen Fromme vor dem Essen ein Stückchen geweihtes Brot zu sich, wobei sie beteten »O Gott, fülle meine Leere«. Marett unterscheidet »Essen in der Natur« und »Essen in Gott«. Unsere Trinksitten sind Überreste aus einer Zeit, da Zusammentrinken ein Begehen war, »d. h. ein Festigen, Erneuern und Neuschaffen der gemeinen Mächtigkeit« (S. 408). In der nordischen Sage trinkt man, damit der Minnestrom nicht unterbrochen werde. »Minne« wäre besser durch *salus* oder *amor* wiedergegeben. Grönbech meint, der Zaubertrank binde, wie jeder Trank, den Trinker an jene, die den Trank spenden. Auch das gemeinsame Mahl bindet. Jarl Torfin aß heimlich ein Stück vom Brot des Königs Magnus, was ihm das Leben rettete. Gemeinsame Mahlzeiten sind Opfer, *sacramentale* und oft auch Sakrament. Malaien singen vor dem Essen »Früchte, Früchte, Früchte«. Das ist eine primitive Weise, die Macht der Speisen anzurufen. Die Religionsgeschichte belegt, daß Schlächter und Priester verwandt sind, denn Essen überträgt die Kraft des Tieres. Und Schlachten ist zuerst Opferung, Tempel und Schlachthaus standen in Griechenland zusammen. Am Ostermorgen werden Speisen gesegnet, die man in die Kirche bringt. Auch sonst legen Leute Gaben auf den Altar als Elemente für das heilige

Mahl. Dafür gibt es viele Beispiele außerhalb des Christentums. In den Molukken bringt jeder etwas neuen Reis mit, und der ganze Clan speist gemeinsam. Im alten Rom wurden den *XV viri* bei den *ludi saeculares suffimenta* und *fruges* dargebracht, die, nachdem sie lustriert waren, unters Volk verteilt wurden, was an die *oblationes* der christlichen Eucharistie erinnert.

Ich war bemüht, G. van der Leeuw so zu referieren, daß trotz notwendiger Knappheit das Typische seiner phänomenologischen Beschreibung erkennbar bleibt. Er zeichnet uns das Bild, das sich ihm zeigt. Die Konturen, sie sind etwas bläßlich ausgefallen, sollen das religiöse Phänomen »Essen und Trinken« nach seinem eigentlichen Wesen beschreiben. Die Religionsgeschichte dient dem Religionsphänomenologen als Tuschkasten: Beispiele beleben das Bild wie Farbtupfer.

Wurde die religionsphänomenologische Methode seit 1933 weiterentwickelt? Eine Antwort müßte sich an jüngeren Religionsphänomenologien ablesen lassen. Achtundzwanzig Jahre nach der von G. van der Leeuw erschien die von Friedrich Heiler (1892–1967), Professor für Religionsgeschichte an der Marburger Universität.[3] Die phänomenologische Methode, schreibt F. Heiler, ist der Weg vom Phänomen zum Wesen. »Die Erscheinungen sind nur zu untersuchen um des Wesens willen, das ihnen zugrunde liegt, und im Blick auf dieses. Man darf nie an der äußeren Schale hängen bleiben, sondern muß überall hindurchbohren zum Kern der religiösen Erfahrung« (S. 16). Auch er fügt Beleg an Beleg, ein Aischylos-Zitat neben einen Hinweis auf nordamerikanische Indianerstämme, eine Etymologie, die ins Ur-Indogermanische zurückreicht, eine Stelle aus dem Alten Testament, einen Vers aus dem evangelischen Gesangbuch, Worte des heiligen Franz und ein Zitat von Christian Morgenstern. »Bei der Fülle des Stoffes, der hier auf knappem Raum zu bewältigen war, konnte vieles, was eine selbständige Monographie erfordert hätte, nur in ein paar Sätzen umschrieben werden« (S. v). Dieses Buch birgt eine staunenswerte Fülle religionsgeschichtlicher Daten und Hinweise. Es wird zur Fundgrube für jeden, der seinerseits Belege sucht.

Acht Jahre später erschien die bislang letzte Religionsphänomenologie[4]. Verfaßt hat sie der Schwede Geo Widengren, Professor für Religionsgeschichte in Uppsala. Dieser Autor zieht der Breite die Tiefe vor. Er nimmt sich Zeit und erklärt den Lesern Phänomene und Begriffe. Für »Tabu« zum Beispiel braucht er elf Seiten. Er erklärt, wie die Polynesier damit umgehen, die Kikuyu, die Semiten. Er referiert Theoretiker wie Rudolf Lehmann, A. R. Radcliffe-Brown, W. Robertson Smith. Er zählt die vielfachen Taburegeln für den Juppiterpriester Flamen Dialis auf und erwähnt die indischen Brahmanen. Gemeinschaften wie die der Zeuspriester in Dodona, der alttestamentlichen Rechabiten, der Pythagoreer belegen priesterliche Tabuvorschriften. Pilger beachten Taburegeln für begrenzte Zeiten. Zum Schluß kommt er noch einmal auf die Polynesier, bei denen er Gebräuche fand, »die keinerlei religiösen Charakter trugen und vollständig außerhalb der religiösen Sphäre standen« (S. 28), was freilich weniger an den Polynesiern, als vielmehr daran liegen dürfte, was Geo Widengren unter »religiös« versteht. Zum Abschluß referiert der Autor noch die wichtigsten Erklärungen von Tabu, die Gelehrte sich ausgedacht haben. Im Vorwort heißt es, diese Phänomenologie sei zuvorderst für Studenten der Religionsgeschichte in Uppsala geschrieben worden. Man darf annehmen, daß allen, die das Lehrbuch gelesen und die Erläuterungen des Autors behalten haben, religionsphänomenologische Examensfragen dort keine Verlegenheit mehr bereiten konnten.

Geändert hat sich von der ersten zur zweiten und dritten Religionsphänomenologie nur Unwesentliches. Wer eine neue schrieb, hat seine Vorgänger nicht imitieren wollen und eine Darstellungsweise oder Gliederung gewählt, die sich von früheren abhebt. Was die drei Bücher unterscheidet, bleibt dennoch gering im Vergleich mit ihren Gemeinsamkeiten.

Gemeinsam scheint allen das Verständnis von »Phänomen«. In der Religionswissenschaft hat man mit Religionen oder mit Phänomenen zu tun. Eine Religion ist begrenzt, ihre Gläubigen lebten zu bestimmten Zeiten und an bestimmten Orten. Ein Phänomen begrenzen weder Zeit noch Raum. Wenn Religionsphänomenologen von »Mönchtum« schreiben, dann meinen sie nicht ein bestimmtes, also weder das christliche noch das buddhistische, weder eines vor tausend Jahren noch ein heutiges. »Phänomenologische Übereinstimmung« entdeckten sie über geographische und kulturelle Grenzen hinweg.

Die Frage der Religionsphänomenologen »Wie sieht das religiöse Phänomen X aus?« heißt mithin vollständig: »Wie sieht das religiöse Phänomen X aus, wenn man alles Zufällige, Zeitbedingte, Regionale daran übersieht?« Nochmals zur Erinnerung: Auch das religiös Unterscheidende, die »Religionszugehörigkeit« des Phänomens, ist abzuziehen. Was übrigbleibt, das nackte Phänomen sozusagen, gilt als wesentlich.

Religionsphänomenologen führen religionsgeschichtliche Belege auffallend unsystematisch an, ihre Auswahl scheint innerhalb des persönlichen Gesichtskreises eines jeden dem Zufall überlassen. Jetzt erkennen wir den Grund, warum das so ist: weil es allein darauf ankommt, das Phänomen gemäß seines Wesens zu beschreiben. Belege aus der Religionsgeschichte dienen lediglich der Illustration und sind beliebig austauschbar. Sie zeigen das Phänomen noch in seinem »natürlichen« Zustand, im Zufälligen seiner religionshistorischen Einordnung, noch behaftet mit jenen Schlakken, die in der religionsphänomenologischen Raffinerie losgeklopft und fortgeschwemmt werden.

Was gilt als religiöses Phänomen und was nicht? Diese Frage macht den Religionsphänomenologen kaum zu schaffen. Sie wußten, wo sie suchen mußten: im Vokabular der europäischen Religions- und der europäischen Philosophiegeschichte. Dort fanden sie »Mystik«, »Sekte«, »Mythus«, »Glaube«, »Segnung und Weihe«, »Gebetsrichtung«, »Weihrauchopfer«, »Tabu und Heiligkeit«, »Polytheismus«, »Kanonbildung«, »Vom Tempel zur Basilika«, »Eschatologie« und so fort. Hätten nicht nur Europäer Religionsphänomenologien geschrieben, sondern auch Inder und Chinesen und Afrikaner, welch ungeahnte religiöse Phänomene würden dann vor unsern kurzsichtigen Blicken erscheinen!

Noch etwas verbindet die drei klassischen Religionsphänomenologien. Sie füllen dicke Bände: van der Leeuw brauchte 800, Heiler 600 und Widengren 680 Seiten. Obschon religionsgeschichtliche Belege als un-wesentlich gelten, die Autoren häufen sie auf, lassen so gut wie nichts aus, was sie gelesen, gehört oder auf Reisen gesehen haben. Das erklärt zum einen das Gewicht ihrer Bücher. Ihr Ziel, aus vielen wesentlich beschriebenen religiösen Phänomenen jenseits der Religionsgeschichte, der geschichtlichen Religionen also, eine ideale Religion vollständig errichten zu wollen, ist die zweite Erklärung. Jeder der drei Autoren tut es auf seine Weise. Die Systeme van der Leeuws und Heilers verdienen unsere Beachtung besonders. Sie zeigen uns Entwürfe vom Wesen der

Religion, die in allen historischen Religionen steckt und selbst nirgendwo Wirklichkeit wird. Sie haben sich diese Aufgabe gestellt und sie haben sie gelöst. Ob es in der nächsten Generation von Religionswissenschaftlern bald wieder jemanden geben wird, der sich gedrängt fühlt, dieselbe Aufgaben noch einmal in Angriff zu nehmen, ich bezweifle es.

In letzter Zeit stimmen immer mehr Religionswissenschaftler in einen Grabgesang ein. Für sie ist die Religionsphänomenologie gestorben. Aber vielleicht hält sie zur Zeit nur einen langen Winterschlaf wie ein blattloser Baum, der erst im Frühjahr neue Triebe zeigt. Sich gegen die Religionsphänomenologie entscheiden, es würde den Baum mit Stumpf und Stiel entfernen. Ich warte auf das Frühjahr. Wenn es kommt, sollten wir vorbereitet sein und wissen, wie Phänomenologen anderswo ihr Metier betreiben. Deren typisches Handwerkszeug haben die folgenden Seiten zum Thema.

Natürliche Einstellung

Sie bewahrt Phänomenologen davor, ihre oder die Gedanken anderer mit dem zu verwechseln, was wirklich ist. Als erster Schritt gilt mithin, natürliche Einstellung zu gewinnen. Der natürlichen steht die theoretische Einstellung gegenüber, die wir von unseren ersten Sprechversuchen bis zum Studienabschlußexamen und darüber hinaus zu vertiefen uns bemühen. Vom »Wauwau« zum »Hund«, zum »Mops« und endlich zum »Canis familiaris leineri«. Auf die Examensfrage »Was ist das?« gehört als richtige Antwort sehr oft der richtige Name. Die Welt der Wissenschaftler ist eine künstlich geordnete, eine zurechtgemachte Welt. Wissenschaftliches Reden beruht auf idealisierenden Voraussetzungen. Was jenseits der selbstgezimmerten Zäune zu finden wäre, man darf es getrost ignorieren wie jener Zoologe, der die Zahl der Fische in einem Teich ermitteln sollte. Weil er nur einen Kescher mit zwei Zoll weiten Maschen zur Verfügung hatte, definierte er: »Ein Fisch ist ein Tier mit einem Durchmesser von mehr als zwei Zoll«.[5]

Nicht nur die Wissenschaften formen unsere theoretische Einstellung. Die Religion tut es auch, die Politik, die Sitten und Bräuche, alles, was man so und nicht anders denkt, sagt und tut. Das Gegenteil der zurechtgemachten theoretischen Welt ist die von Edmund Husserl (1859–1938), dem Vater der philosophischen

Phänomenologie, »Lebenswelt« genannte. In ihr sind Dinge und Lebewesen so, wie sie zu sehen sind. Die Lebenswelt ist immer da, nicht nur in einer Versuchsanordnung, sie ist da für jedermann, nicht nur für Akademiker. Dieser Lebenswelt entspricht die natürliche Einstellung der Phänomenologen.

Um einer fremden Religion willen geraten Religionswissenschaftler öfter in fremde Lebenswelten. Ihre natürliche Einstellung bewährt sich, wenn sie das, was es dort zu sehen gibt, in seiner fremden Umgebung sehen und nicht so, wie es in unserer erscheinen würde. Sie akzeptieren, was da ist, so wie es da ist, und widerstehen der Versuchung, es zu »entmythologisieren«.

Wie kann natürliche Einstellung in uns entstehen? Sie kommt, sobald wir alles Theoretische einklammern. Wenn wir nur das sehen, was wirklich zu sehen ist, verhindern wir, daß sich eine Theorie, ein logischer Schluß, eine Hypothese, erworbenes Wissen von dem, was wir gerade sehen, in unserem Kopf breitmacht. Es gibt nur eines: was ich sehe! Was ich auch noch darüber weiß, es bleibt methodisch abgeschaltet. Die natürliche ist mithin eine vorurteilsfreie, vor-theoretische Einstellung einem Phänomen gegenüber.

Phänomenologische Einstellung

In der Welt finden Menschen sich zurecht mit Hilfe von Vernunft und Intuition. So gibt es auch zwei Arten Wissenschaft: die eine ausgrenzend und »objektiv«, die andere umfassend und »subjektiv«. »Exakte« Wissenschaftler schließen von Äußerlichem auf Innerliches. Sie studieren zum Beispiel »Meditation«, indem sie bei einer Anzahl von Meditierern messen, ob und wann Alpha- von Theta-Wellen abgelöst werden, wie lange es dauert, bis der Milchsäuregehalt im Blut um wieviel Prozent sinkt, in welcher Zeit der elektrische Hautwiderstand in welchem Maße zunimmt und so fort. Nicht-»exakte« Wissenschaftler lernen selber meditieren und beziehen ihre Erfahrung in ihre wissenschaftliche Arbeit ein.

Phänomenologen sind nicht-»exakte« Wissenschaftler. Dennoch, mit der natürlichen Einstellung allein kommen sie als Wissenschaftler nicht aus. Die phänomenologische ist ihre wissenschaftliche Einstellung. Wohlgemerkt, sie schaltet die natürliche nicht ab, sie bringt Neues hinzu. Als erstes eine Kontrollinstanz, den »unbeteiligten Zuschauer«. Mit ihm schauen wir unserem natürlichen Ich zu, wie es sieht, was sich ihm zeigt. Religionsgeschichtler konnten diesem inneren Zeugen schon vor Husserl bei Mystikern begegnen. Buddhisten beispielsweise lernen, wie man ohne Anspannung hellwach und ohne zu urteilen exakt beobachtend wahrnehmen kann, was gerade im eigenen Kopf oder Körper vorgeht. Dieser unbeteiligte Zuschauer, haben wir ihn erst einmal entdeckt, lehrt uns unser Bewußtsein kennen, und unser Bewußtsein dient als wissenschaftliches Instrument zur Erfassung von Phänomenen.

Phänomenologisches Bewußtsein richtet sich auf »intentionale Gegenstände«. Was Sehen von intentionalem Sehen unterscheidet, zeigt uns das Beispiel von einer Landschaft, die zwei Menschen betrachten. Beide sehen dasselbe, doch was sie sehen, fasziniert den einen und langweilt den anderen. Ein amerikanischer Phänomenologe erzählt[6], wie er ein altes Farmhaus im Neuenglandstil kaufte, dessen Schönheit seine Familie begeistert hatte. Sollte die Schönheit erhalten bleiben, mußte dringend das Fundament renoviert werden. Der neue Hausherr sah sich von heute auf morgen gezwungen, alle Aufmerksamkeit dem Fundament zuzuwenden, das er bislang nicht wahrgenommen hatte. Bald fiel ihm auf, wie er bei Autofahrten nach Fundamenten anderer Häuser Ausschau hielt und mit einemmal überall Fundamente zu sehen bekam.

Ob etwas interessant ist oder nicht, das Etwas hat damit nichts zu schaffen. Interesse ist unsere eigene Angelegenheit, wir müssen sie in eine Sache investieren. Gewiß, das ist leicht gesagt. Denn gewöhnlich sind wir in Eile, und Eile läßt keine Konzentration aufkommen. Worauf wir uns nicht konzentrieren können, dafür bringen wir auch kein Interesse auf, es bleibt für immer langweilig. Wenn Intentionalität so wichtig ist, wie können wir zu ihr kommen? Am einfachsten, indem wir unsere Gedanken nicht mehr umherwandern lassen, indem wir unser Bewußtsein auf das, was gerade ist, richten.

Stellen wir uns vor, wie verschieden ein Gelehrter und ein Maler ein und dieselbe Sache betrachten. Der Gelehrte, sobald er sie identifiziert hat, wird die Sache einordnen: Sie heißt so und so, hat ihren Ursprung da und da, dient diesem oder jenem Zweck, über sie publiziert haben die und die, und so weiter. Sein Gedächtnis hat gespeichert, was er über jene Sache lernte. Der Gelehrte wendet also seine Aufmerksamkeit sogleich von der besonderen Sache, die er vor Augen hat, fort und hin zu der allgemeinen Sache, die er als Gedanken speichert. »Es gibt keinen Stolz in der Welt, der feuriger wäre als der Stolz des Intellektuellen. Stolz auf das, was man bereits weiß, wirkt als sicherste Blende vor Einsehen und Verstehen.«[7]

Und der Maler? Seine Aufmerksamkeit wandert nicht fort von dem, was er vor Augen hat. Er betrachtet es geduldig und intensiv. Das heißt: Er analysiert es nicht, benennt es nicht, zieht keine Schlußfolgerung, beurteilt nicht. Ein Maler erfaßt, was er betrachtet, als Ganzes: Er sieht, wie es sich zu anderen Dingen verhält, Teile sieht er in bezug zum Ganzen, im Ganzen erkennt er durchgehende Muster und Strukturen. Der Blick des Malers füllt intuitiv aus, was der Gelehrte nur als Lücke registriert. Es scheint, als ob der Maler erst erschafft, was er sieht. Das reale Ding erschafft er nicht, aber ein Bild des realen Dinges. So ist intentionales Sehen.

Wesensschau

Phänomenologen reden über ein Phänomen nicht wie vom Hörensagen, denn sie selbst sind mit ihm in Fühlung. Die Sache ist hier in der Person gegeben. Doch steht an erster Stelle die Sache, nicht die Person, sonst würde Phänomenologie zu Impressionismus. Impressionisten geben Eindrücke wieder: ihren subjektiven Eindruck, »wie ich es sehe«, den unmittelbar momentanen Eindruck, den flüchtigen Eindruck. Phänomenologen geben wieder, was sie geduldig und intensiv betrachtet haben. Und alle, die Ähnliches erlebten, werden sagen können: »Genau so ist es!« In empirisch verifizierbare Ausdrücke können Phänomenologen weder ihre Methode noch deren Ergebnisse fassen. Sie lehnen ihn ab, den Empirizismus, weil er der Welt menschlicher Erfahrung nicht gerecht zu werden vermag.

Mithin ist nicht ein Eindruck, auch nicht ein Phänomen in seiner Vielfalt Ziel phänomenologischen Sehens, sondern Wesentliches. Das »Wesen« eines Phänomens, damit sind seine wesentlichen Züge gemeint, das Wesentliche im Besonderen, die formalen Qualitäten einer konkreten, von Menschen erfahrenen Wirklichkeit. Gesucht wird, was in der Vielfalt der Variationen invariant bleibt.

Die Vielfalt der Variationen, sie bereitet Phänomenologen einige Schwierigkeiten. Man braucht, um die durchgehende Struktur von etwas erkennen zu können, ausreichend viele Beispiele. Die Varianten müssen unbedingt Varianten desselben Phänomens sein. Das läßt sich noch sicherstellen, aber wieviel ist »ausreichend«?

Man könnte auch frei variieren und zur Probe Varianten erfinden, das Phänomen aus verschiedenen Perspektiven betrachten und den eigenen Standpunkt immer wieder ändern. Gestaltpsychologen haben uns gezeigt, wie sehr ihr Hintergrund einer Figur Kontur verleiht. Verschiedene Hintergründe machen uns dasselbe Phänomen immer klarer sichtbar. Manchmal wird die Figur selber zum Hintergrund für anderes. Religionsphänomenologen geraten in spezielle Schwierigkeiten, wo es um Varianten fremder Religiosität geht und sie sich in eine fremde Situation und Umwelt versetzen müssen. Daraus folgt: Weil es so viele Ansichten desselben Phänomens gibt, können phänomenologische Beschreibungen schwerlich vollständig geraten. Manchmal dürfte sogar ein einzelnes Beispiel mehr aufdecken als viele, in der Beschreibung versteht sich, nicht in der Wesensschau.

Das alles klingt noch reichlich allgemein. Was fehlt, ist eine konkrete Anwendung, ein Beispiel also. Wie könnte man vorgehen, damit sich uns ein bestimmtes Phänomen zeigt? Diese Frage soll uns zum Schluß noch ein wenig beschäftigen. Als Beispiel wähle ich jenes Phänomen, das in unserer Sprache »Gebet« genannt wird. Ich wähle es, weil es als zentrales religiöses Phänomen gilt und weil viele Leser mit dem Beten eher als mit einem anderen religiösen Phänomen eigene Erfahrungen gemacht haben dürften.

»Gebet« als Phänomen gesehen

Als erstes sollten wir uns klarmachen, was wir bis zur Lösung der phänomenologischen Aufgabe in Klammern setzen. Da ist zum Beispiel die berühmte religionswissenschaftliche Monographie *Das Gebet* von Friedrich Heiler.[8] In ihr findet sich eine Typologie, die das naive Beten des primitiven Menschen, die rituelle Gebetsformel, den Hymnus, das Gebet in der Religion der hellenischen Volkskultur, Gebetskritik und Gebetsideale des philosophischen Denkens, das Gebet großer religiöser Persönlichkeiten, das Gebet großer Dichter und Künstler, das gottesdienstliche Gemeindegebet und das individuelle Gebet als religiöse Pflicht und gutes Werk in den Gesetzesreligionen unterscheidet. Heiler definiert Gebet als »lebendiger Verkehr des Frommen mit dem persönlich gedachten und als gegenwärtig erlebten Gott, ein Verkehr, der die Formen der menschlichen Gesellschaftsbeziehungen widerspiegelt« (S. 491). All das gehört zur theoretischen Welt, deren Grenze wir nicht überschreiten wollen. Neben religionswissenschaftliche treten religiöse Theorien. Auch Christen verstehen unter Gebet ein Reden mit Gott, Zwiesprache zwischen einem Ich und einem Du. Diese und andere Theorien dürfen uns beim Hinschauen nicht zu Scheuklappen werden.

Als zweites müssen wir beschreiben (nicht ergründen! nicht interpretieren! nicht problematisieren!), was wir sehen. Beten braucht Vorbereitung, braucht einen Anlauf. Nur wenn ein Mensch Angst hat, gleicht sein Gebet einem Sprung aus dem Stand. Manche fasten vor dem Gebet, andere waschen sich oder ziehen sich um. Die Vorbereitungen markieren eine unsichtbare Schwelle. Dazu paßt auch, daß Beten Alltägliches ausschließt. Wer betet, soll dabei nicht essen oder trinken oder viel umherschauen oder einschlafen oder schwätzen. Wird dennoch gegessen oder getrunken, so tut man es rituell, das heißt auf besondere, nicht auf alltägliche Weise.

Beim Beten sammelt sich der Mensch aus der Zerstreutheit, er wird aufmerksam, richtet sich aus auf einen Punkt. Dazu hilft ihm sein Körper. In einem jener modernen tiefen und weichen Sessel liegend, müßte ein Beter sich übermäßig anspannen. Beten fällt im Stehen oder im Knien oder aufgerichtet sitzend leichter, oder auch kniend mit dem Gesicht am Boden. Besonders wichtig sind die Hände. Weil Beter ihren Geist sammeln, möchten sie ihre Hände nicht wie Nervöse mal hier, mal da lassen und sie auch nicht in den Hosentaschen verbergen. Sie falten sie lieber, legen sie aneinander oder ineinander, manche beten mit erhobenen Armen, die Handflächen offen nach vorn.

Handhaltungen haben auch symbolische Bedeutung, aber Symbole würden uns hinüber in die theoretische Welt führen. (Wobei es sich freilich um fremde Theorien handelt, von denen wir lernen könnten, denn wir Europäer wissen seit langem mit religiösen Symbolen nicht mehr viel anzufangen.) Auch ist fraglich, ob alle

Beter, wenn sie etwa die Hände falten, das Symbolische daran kennen. Symbolische Bedeutungen zeigen sich nur selten unmittelbar, gewöhnlich müssen sie gelernt werden. Insofern sind sie keine echten Phänomene. Demgegenüber ist sichtbar, daß viele mit Gesten oder mit Gerätschaften beten. »Gerätschaft« bedeutet hier zum Beispiel die Ikone der Ostkirche oder der Rosenkranz oder die indianische Tabakspfeife.

Viele Beter sprechen Worte. Was sie innerlich fühlen, drängt nach außen, teilt sich hörbar mit. Viele Beter lesen Worte. Sie lesen aus einem Gebetbuch und befolgen damit zumeist ein Gebot ihrer Religionsgemeinschaft, die Wert darauf legt, daß dieselben Gebete zur selben Stunde überall und von allen Betern gesprochen werden. Viele Beter sprechen fixierte Gebete auswendig. So können auch Analphabeten überall zur gleichen Zeit die gleichen Texte beten.

Auswendig Beten kann eine neue Qualität annehmen, wenn der Rhythmus wichtig wird. Man spricht dieselben Worte wieder und wieder. Der Rhythmus macht aus dem Sprechen einen Sprechgesang. Hier kommt es mehr darauf an, wie gebetet als was gebetet wird. Reime oder einen anderen Gleichklang kann man rhythmisch leichter singen als Prosa. Deshalb genügen oft wenige Zeilen oder wenige Worte, selbst ein einziges Wort.

Viele Beter sprechen Worte inwendig. Stummes Beten formuliert, für andere Menschen unhörbar, was Beter bewegt. Natürlich kann man auch in einem Gebetbuch still lesend beten. Und man kann unhörbar rhythmisch beten. Das geschieht wiederum mit kurzen Texten, mit einem knappen Satz oder wenigen Worten, die viele im Rhythmus des Ein- und Ausatmens so lange still sprechen, bis ihnen Beten zur zweiten Natur wird.

Beten ist, wie wenn man einen Weg geht. Zuerst stimmt sich der Beter ein, dann betet er so, wie man in seiner Religionsgemeinschaft betet. Und nach den Gesten und symbolischen Handlungen und nach den eigenen oder den gemeinsamen Worten, was kommt dann? Es ist der Höhepunkt, das Eigentliche, das Ziel des Weges: Der Mensch wird still. Auch sein inneres Reden kommt zur Ruhe, endlich ist er wortlos. Eine Weile bleibt der Beter gesammelt, versunken, unberührt von Sorgen und Freuden des Alltags. Still geworden, erfahren viele, wie sich gleichsam ein Fenster auftut in eine andere, sonst verschlossene Welt.

Als drittes müssen wir noch aufs Wesentliche zu sprechen kommen. Phänomenologische Beschreibungen führen Variables und Gleichbleibendes vor. Das Wesentliche heben Phänomenologen gewöhnlich nicht eigens heraus, indem sie etwa zusammenfassend aufzählen: »Als Wesen dieses Phänomens ergibt sich demnach erstens ... zweitens ... drittens ...« Auch sollten wir die Leser nicht langweilen, indem wir ihnen jede Variante einzeln vorstellen. Nicht wo wir es zu sehen bekamen, sondern was wir zu sehen bekamen, das Wesentliche, wollen sie wissen. Jetzt machen wir indessen eine Ausnahme, um keinen methodischen Schritt im Beispiel »Gebet« stillschweigend zu übergehen.

In christlichen Gottesdiensten spricht der Pfarrer eine Bitte nach der anderen vor und die Gemeinde fällt jedesmal ein: »Herr, wir bitten dich«. – In Afrika ritualisiert eine Libation die Zwiesprache mit Jenseitigen. Das Oberhaupt bespricht sich mit den Vätern über intime wie über öffentliche Angelegenheiten der Familie. (Die Lebenden und ihre Toten bilden die Familiengemeinschaft. Ihren Vorfahren bleiben die Lebenden immer nahe.) – Hier wird Beten als ein Sprechen variiert: Einmal ist seine Form festgelegt, im anderen Fall nicht, hier bitten alle, dort bittet einer im Namen aller.

Der fromme Jude betet an jedem Morgen, nachdem er sich gewaschen und bevor er gefrühstückt hat. Er folgt den biblischen Anweisungen: Um seinen Kopf und um den linken entblößten Arm wickelt er Gebetsriemen, dann bedeckt er Haupt und Schultern mit dem Gebetsschal. Was er betet, steht im Gebetbuch. – In südamerikanischen Urwäldern leben Indianer in kleinen Gruppen. Sie haben keine Häuser, sie ziehen von einem Lagerplatz zum nächsten, sie sind nackt und besitzen nur wenige Dinge gemeinsam. Wenn am Morgen die Sonne über den Horizont steigt, wird sie von der ganzen Gruppe mit Gesang begrüßt. – Hier bedeutet die Regelmäßigkeit viel. Sie gibt Halt und ordnet das Leben auf überlieferte Weise. Und während das jüdische Morgengebet ohne die sakralen Gerätschaften nicht denkbar scheint, brauchen die Indianer dergleichen nicht.

Muslime nehmen beim Beten verschiedene Körperhaltungen in fester Abfolge ein. Zuerst steht der Beter und spricht auswendig die Gebetsworte, dann beugt er sich vor und lobt Gott, dann betet er aufgerichtet weiter. Schließlich fällt er auf die Knie und berührt mit Stirn und Nase den Boden, wobei er sagt »Herrlichkeit gebührt Gott, dem Höchsten«. (Das soll die eigene Unwichtigkeit gegenüber Gottes Größe ausdrücken.) Danach setzt er sich auf und spricht eine Bitte, um am Ende wiederum niederzufallen. – Auch Theravada-Buddhisten beugen ihre Stirn (die menschlichen Stolz symbolisiert). Mit ihr berühren sie dreimal den Boden, wobei sie des Buddha, seiner Lehre und seiner Gemeinde gedenken. Mit andächtig vor der Brust zusammengelegten Händen stehen oder knien sie in Gebetshaltung vor einem Bild oder vor einem Symbol des Buddha. Aber sie bitten nicht. (Die *Deva* [»Götter«] haben nur begrenzte Macht, zum Heil können sie nicht helfen, und der Buddha hat Nirvana jenseits der Welt erlangt und ist unerreichbar.) Betend verehren und erinnern sie ihn, dem sie nachfolgen wollen, um selber Buddha zu werden. – In diesen Beispielen zeigt sich, wie Menschen auch mit ihrem Körper beten und wie ihr Gebet zur Einstimmung und mit der Zeit zur festen Einstellung führen kann.

»Hari Krishna, Hari Krishna, Krishna Krishna, Hari Hari, Hari Rama, Hari Rama, Rama Rama, Hari Hari«. Fromme Hindu wiederholen die Namen Gottes wieder und wieder. (Denn wer den Namen Gottes voller Liebe wiederholt, sagt man, erkennt das Wesentliche der Heiligen Schriften. Gott erscheint in vielerlei Gestalt, in jeder kann er geliebt werden. Auch in den Silben seines Namens inkarniert er sich. Deshalb werden Gottesnamen zum Gebet für Hindu auf dem Weg der *Bhakti,* der »Liebe« oder »Hingabe«). – Katholische Christen beten viele »Ave Maria« nacheinander und zählen an den Perlen des Rosenkranzes mit. (Dem »Englischen Gruß« aus dem Neuen Testament hat die Kirche einen zweiten Gebetsteil angefügt: »Bitte für uns Sünder jetzt und in der Stunde unseres Todes!«) – Gebete, die man wieder und wieder spricht oder singt, können in tiefe Schichten des Bewußtseins vordringen und dort wirken.

Russische Christen kennen das »unablässige Gebet«. Anfangs sprechen sie die Worte laut. (Indem sie auf den Sinn eines jeden Wortes achten, meiden sie ablenkende Gedanken, auch fromme.) Später wiederholen sie die Bitte ohne Stimme und Lippen. Noch später stellen sie sich ihr Herz vor und passen die Gebetsworte dem Herzschlag an. Schließlich beten sie so unablässig wie sie atmen: »Herr Jesus Christus« – beim Einatmen – »erbarme dich meiner« – beim Ausatmen. Was auch immer sie sonst tun, ihr Beten hört nie mehr auf, denn das innere Gebet verrichtet sich wie von selbst. – Japanische Amida-Gläubige verfahren ähnlich mit der Formel (lautgemäß aus dem Sanskrit übernommen) »Namu-Amida-Butsu«. Beharrliches Wiederholen sammelt den Frommen aus seiner Zerstreutheit und läßt ihn darüber sein Ich vergessen. Am Ende verschmelzen Beter und Gebet. Für den Selbstvergessenen gibt es dann weder Ich noch Buddha, es gibt nur die Formel. – Solches Beten hat die Beter verwandelt. Russen haben ihr Ich »gekreuzigt« und sind neu geworden: Sie hörten auf, die Dinge zu unterscheiden, sie beurteilten niemanden mehr und konnten alle gleichermaßen lieben. Japaner fühlten sich erfüllt von heiterer Stille und Leere. Selbstlos können sie empfangen, was ihnen zustößt, selbstlos können sie verrichten, was getan werden muß. Es ist seltsam: Was betende Russen und Japaner an sich erlebten, scheint austauschbar, als wäre der verschiedene Inhalt ihrer Gebete am Ziel verblaßt.

Das waren zehn Beispiele, ein Bruchteil von dem, was in der Religionsgeschichte zu finden ist. Sie lassen uns ahnen, auf welchen Umfang religionsphänomenologische Beschreibungen anschwellen müßten, würden alle Varianten vorgestellt, die dem Phänomenologen bei der Wesensschau vor die Augen kamen.

Und das Wesentliche des Beispiels »Gebet«? Bereits an zehn Varianten ist es zu erkennen. Indem der Mensch betet, kann er eine Verbindung zu einer unsichtbaren Welt herstellen. Zunächst gleicht sie dem Telefon, weil wichtig ist, daß und was der Mensch spricht. Auch aus der anderen Richtung funktioniert diese Verbindung. Dann gleicht sie einer Leitung, durch die eine »Kraft« fließt, »Energie«, »Gnade« oder wie immer man es nennen möchte. Diese Kraft belebt den ganzen Menschen. Er wandelt sich, wird neu, zuerst für die Zeit des Gebets, bald für länger und länger.

V. Anhang

1. Was Theologen und Religionswissenschaftler unterscheidet

Theologen sind religiöse Spezialisten – Religionswissenschaftler sind Spezialisten für Religiöses. Der Unterschied betrifft Wesentliches.

1. Theologen erforschen die eigene Religion, Religionswissenschaftler erforschen zumeist eine fremde. Theologen sollen das eigene Glaubensgut schützen und mehren. Das Eigene steht für sie im Mittelpunkt. Nach außen hin läßt theologischer Wissensdrang nach, je weiter weg vom Mittelpunkt, desto mehr. Deutsche Theologen konzentrieren sich auf die Religion von Deutschen. Die Religion von Letten, Schotten oder Sizilianern weckt die Neugier von höchstens ein paar Spezialisten. Und was Christen in Malawi oder Luzon oder auf den Cook Inseln betrifft, vielleicht interessiert man sich an dieser oder jener deutschen Missionsakademie auch noch für sie.

Religionswissenschaftler sind nicht wie Theologen zuständig. Kein Bischof sendet sie und keinem sind sie Rechenschaft schuldig. Sie suchen sich ihre Arbeit selber. Ihr Gebiet liegt meist entfernt von ihrer Heimat und berührt die Belange weder ihrer Freunde noch die ihrer Familien. Kreise, nach außen schwächer werdend, umschließen auch religionswissenschaftliche Mittelpunkte. Deutsche Hindu-Spezialisten zum Beispiel halten sich an Indien. Nur wenige interessiert die Hindu-Diaspora in Südafrika, auf Fidschi oder anderswo. Und untypische, das heißt un-indische Hindu wie die Balinesen, sie überläßt man Spezialisten, die wiederum mit Indien wenig im Sinn haben.

2. Religionswissenschaftler suchen sich eine Religion aus. Es kann irgendeine sein, das heißt, für Religionswissenschaftler gibt es keine Begrenzung, keine historische, keine geographische, keine typologische. Nur eines begrenzt Religionswissenschaftler in der Wahl ihres Studienobjektes, persönliche Unfähigkeit. Wer ihre

Sprache nicht versteht, ihr Klima nicht verträgt, ihr gleichgültig gegenübersteht, tut gut daran, eine andere Religion zu erforschen.

Theologen haben solche Freiheit nicht. Einerseits befassen sie sich mit einer fremden Religion nur, wenn die eigene und eine fremde zusammenstoßen. Andererseits müssen sie sich in diesem Fall mit ihr befassen. Alt- und Neutestamentler müssen biblische Texte erklären, in denen andere Religionen erwähnt werden. Kirchenhistoriker müssen Ereignisse erklären, an denen auch nichtchristliche Religionen Anteil hatten. Systematische und Praktische Theologen müssen Nicht-Christliches erklären, sobald Andersgläubige unübersehbar unter uns leben oder ein Aspekt aus einer fremden Religion bei uns Mode macht oder eine fremde Religion erfolgreich unter Christen missioniert.

3. Theologen, wenn sie eine fremde Religion studieren, gehen von Eigenem aus. Sie erkunden fremdes Gottes-, Glaubens- oder Sündenverständnis. Das eigene Glaubenssystem setzen sie als maßgebend voraus und ordnen fremden Glauben als näher oder weiter entfernt, als noch »Religion« oder bereits »Magie« ein. Über eigene Brücken holen sie Fremdes zu sich herüber, wo es sich rasch und glatt einordnen läßt. Aufs andere Ufer, zu fremdem Glauben, führen solche Ausflüge selten. Es sind meist Einwegbahnen, ungenügend ausgebaut für Gewichtiges.

Religionswissenschaftler dürften ihr persönliches Glaubenssystem nicht als Maßstab für Fremdes gebrauchen. Sie sind frei, fremden Glauben vorurteilslos zu erforschen. Die Frage ist nur, wieviel Freiheit sie ertragen. Alle finden leichter, wenn sie wissen, was sie finden wollen. Daher nehmen Religionsforscher nicht ungern ein wissenschaftliches Maß mit. Das erlaubt ihnen, auf den ersten Blick »Animismus«, »Magie« oder »Polytheismus« zu entdecken. Wissenschaftliche Systeme vermögen mithin nicht weniger als religiöse religionswissenschaftliches Verstehen zu verstellen.

4. Ob wir einen fremden Glauben richtig verstanden haben, das bestätigen uns jene glaubhaft, die den fremden Glauben teilen. Gläubige zu fragen ist und bleibt der Sicherheitstest, um wahre von falscher Religionsgeschichtsschreibung zu unterscheiden.

Theologen scheiden in religiösen Fragen wahr von falsch mit ihren Mitteln. Für sie gilt die eigene, nicht die fremde religiöse Norm. Ihr Glaube tritt als der wahre jedem anderen Glauben als einem falschen gegenüber.

2. Religiöses, dargestellt auf unterschiedlichen Ebenen

Religionswissenschaftliche Publikationen lassen sich in zwei Klassen teilen: Die einen handeln *von* einer Sache, die andern handeln *über* sie. »Sachliche« Autoren berichten, was sie, persönlich und durch andere, in Erfahrung bringen konnten. »Theoretische« Autoren reihen sich ein in eine wissenschaftliche Tradition, sie stellen sich auf die Schultern von Fachgenossen, die sich bereits über die Sache geäußert haben. Freilich, wer die falschen zitiert, setzt seine Karriere aufs Spiel, doch wer niemanden zitiert, wird erst gar nicht gelesen.

Über religiöse Themen äußert man sich auf unterschiedlichen Ebenen der Abstraktion. Diese Ebenen zu erkennen, dürfte dem Leser ebenso helfen wie dem Religionswissenschaftler, der sich anschickt, ein Thema zu bearbeiten.

1. Auf der Ebene der eigenen Wahrnehmung erleben wir beispielsweise einen Ritus mit. Wir sehen, was die Gläubigen und was die Priester tun, wir hören ihre Worte und ihren Gesang, wir riechen Weihrauch und so fort.

2. Wie der Ritus auf der Ebene fremder Wahrnehmung erfahren wird, sagen uns Gläubige. Sie berichten, was sie spüren, was sie schmecken, was sie fühlen, wenn sie an jenem Ritus teilnehmen.

3. Hier gabelt sich der Weg in Unmittelbares und Vermitteltes, in Erfahrung und Reflexion. Die Schwelle zur Abstraktion bildet anscheinend der Name einer Sache, denn Sprachwissenschaftler erforschen dessen Etymologie und Begriffsgeschichtler verfolgen den Wandel seiner Bedeutung bis in unsere Tage. Indessen, ihr Name ist nicht Merkmal einer Sache. Man nennt sie so oder so aus Übereinkunft, nicht aus Notwendigkeit. Wer sich entschließt, der Sache von heute ab einen ganz neuen Namen zu geben, wird dadurch nichts an ihr verändern.

4. Messende Wissenschaften liefern eindeutige Ergebnisse. Nehmen wir an, es handele sich bei dem erwähnten Ritus um das christliche Abendmahl. Dann könnten Chemiker Brot und Wein analysieren und uns exakt sagen, wieviel Nicotinsäureamid und Pantothensäure, wieviel Kalium, Calcium und was sonst noch alles enthalten ist. Statistiker könnten berechnen, ob Männer oder Frauen, Ältere oder Jüngere, mit welchem Schulabschluß und poli-

tischer Präferenz zum Abendmahl kommen und wie sich deren Zahl in diesem Monat oder Jahr zu vergangenen Monaten oder Jahren verhält.

5. Erklärende Wissenschaften enthüllen, was hinter einer Sache steckt. Theologen erklären das Abendmahl im Sinne der Transsubstantiationslehre oder, nicht-sakramental, als subjektiven Bekenntnisakt. Psychoanalytiker erklären es damit, daß Säuglinge eigene Ohnmacht und fremde Allmacht beim Hungern erfahren, weshalb den Akt des Einverleibens fortan Gefühle der Geborgenheit und Sicherheit begleiten. Soziologen erklären das Abendmahl als rituelle Steigerung des Alltagsessens, das den Wunsch nach Vergesellschaft erfüllt und somit »Disgregationsängste« mindert.

6. Religionswissenschaftliche Abstraktion setzt ein, wenn Religionsgeschichtler in anderen Religionen entdecken, was dem christlichen Abendmahl vergleichbar scheint, daß beispielsweise Mandäer Brot und Wasser rituell zu sich nehmen, daß Indianer in der »Native American Church« eine Kaktusart als Sakrament verzehren, daß Hindu bei Reinigungsriten von den »fünf Produkten der Kuh« trinken und so weiter und so fort.

7. Vergleiche belegen sodann, was das »heilige Mahl« ausmacht, welche charakteristischen Merkmale zu ihm gehören und was nicht wesentlich ist.

8. Der nächste Schritt führt höher hinauf, zur Einordnung des »heiligen Mahles« in die Kategorie »Einigungs-« oder »Kommunionsritus«.

9. Der Begriff »Ritus« liegt an der obersten Grenze religionswissenschaftlicher Abstraktion. Mit ihm geraten wir bereits in Gravitationsfelder fremder wissenschaftlicher Disziplinen.

10. Der allerhöchste Begriff »Religion« schließlich blüht in den fremden Gärten der Philosophie, der Soziologie und Psychologie, aus denen Religionswissenschaftler gelegentlich einen Ableger mitnehmen.

Was folgt daraus? – Wer eine wissenschaftliche Abhandlung liest, sollte auf Grenzüberschreitungen zu anderen Disziplinen achten, wo man zu anderen Zielen andere Wege geht. Bei einem religionswissenschaftlichen Text sollten die Leser kontrollieren, ob sich Abstraktes auf niedrige Ebenen zurückführen läßt. Wenn ja, wird sinnvoll geredet, wenn nicht, wird bloß geredet. Wer selber eine Abhandlung verfaßt, sollte Abstraktem auch Konkretes zur Seite stellen, damit seine Folgerungen nicht ohne Anschauung bleiben.

3. Personalisierung der Religionswissenschaft und ihre Folgen

Personalisierung der Religionswissenschaft, der Ausdruck stammt von Wilfred Cantwell Smith. Er bezeichnet eine neue Richtung, die sich der alten an die Seite stellen, sie ergänzen, sie aber nicht verdrängen soll. Für die Religionsgeschichte hat Wilfred Cantwell Smith ihren Wert überzeugend dargelegt.

1. In der Religionsgeschichte arbeiten wir an jeweils einer Religion. Wie überprüfen wir unsere Ergebnisse? Auf überlieferte Weise halten wir uns dabei an philologische oder völkerkundliche Methoden und Regeln. Die entscheiden, ob unsere Befunde als richtig oder als falsch gelten. Wissenschaftliches Maß ist natürlich unser, ist Europäer-Maß. Darum werfen uns verbitterte Afrikaner vor, weiße Forscher wären nicht wirklich an afrikanischen Religionen interessiert, sie studierten sie nur wegen dieser oder jener wissenschaftlichen Theorie.

In der Religionsgeschichte ergänzt Personalisierung die alte auf eine wichtige neue Weise. Sie zwingt uns, auch die fremden Gläubigen ernst zu nehmen, sie nicht nur zu benutzen oder sie aus jener inneren Distanz zu studieren, mit der Verhaltensforscher eine Herde Schimpansen beobachten. Sind unsere Funde über fremde Religiosität wahr? Das können am besten Gläubige entscheiden.

2. In der Vergleichenden Religionsgeschichte oder der Systematischen Religionswissenschaft arbeiten wir an jeweils einem Aspekt in vielen Religionen, an religiösen Universalien. Wir können also nicht Gläubige einer bestimmten Religion fragen, ob unsere allgemeinen Befunde wahr sind und falsch. Nach der überlieferten Art Systematischer Religionswissenschaft enden wir bei Begriffen und Definitionen, bei abstrakten Modellen oder Systemen. Dann gleicht unsere Arbeit der von Philosophen oder anderen Theoretikern.

Personalisierung beim Umgang mit religiösen Universalien läßt sich erreichen, wenn wir anders fragen. Anstatt uns allein auf »was ist der Aspekt XY?« zu beschränken, könnten wir herausfinden, »was geschieht durch den Aspekt XY?« Das würde uns die Erfahrungen von Gläubigen aus verschiedenen Religionen in ähnlichen Situationen erschließen. Auch die Phänomenologie dürfte sich hier bewähren, da sie als Lebenswissenschaft ihre Befunde durch Menschen bestätigen läßt, durch das aus persönlicher Erfahrung kommende Urteil »genau so ist es«.

3. Was sind die Ziele der Religionswissenschaft? Ein Ziel teilen wir mit Wissenschaftlern aller Fachgebiete: Mit unserer Arbeit wollen wir das Wissen über die Welt und die Menschen erweitern. Manche Religionswissenschaftler erstreben noch ein besonderes Ziel. Sie wollen mithelfen, so erklären sie, die fremden Gläubigen zu verändern. Sie sind nicht zufrieden mit dem, was die Fremden glauben und tun. Sie mischen sich ein, weil sie wollen, daß die anderen so werden wie wir Europäer sind, Christen oder Marxisten oder noch was anderes. Alle sollen die Welt so sehen wie wir, sollen glauben, woran wir glauben, denken, wie wir denken.

Die Personalisierung unserer Wissenschaft lenkt uns auf einen neuen Kurs. Auf ihm wären wir nicht länger der Welt Lehrmeister, die rastlosen Bescheidwisser. Wir würden zu Lernenden. Was Nicht-Europäer uns lehren, vielleicht verhilft es uns zu neuem Bewußtsein.

4. Forschen lernen

Im normalen Universitätsbetrieb wird gelernt und gelehrt wie auf der Schule. Dozenten lehren, Studenten lernen. Dozenten überprüfen die Lernergebnisse der Studenten. Dozenten steuern das Lernen, instruieren die Studenten, loben die guten und tadeln die schlechten. Das zwingt die Studenten zu reproduzieren, manche tun es wortwörtlich, andere raten, was der Dozent von ihnen hören möchte. Am Ende sind Studenten frustriert und Dozenten müssen sich mächtig ins Zeug legen, sie immer wieder neu zu motivieren. Worum sich alles dreht, es ist der Stoff, der gelehrt und gelernt werden muß.

Das Gegenteil wäre, wenn Studenten produzieren lernten anstatt reproduzieren. Dann würde sich nicht mehr alles um den Stoff drehen, das heißt um die Ergebnisse früherer Forschungen, sondern auch um das Forschen selbst, nicht nur um »Was?«, sondern auch um »Wie?«, nicht nur um anderer Leute Können, sondern auch um das eigene. Dann würden Dozenten die Studenten nicht mehr motivieren müssen, auch nicht mehr steuern und tadeln oder loben. Dann würden die Studenten selber für ihr Interesse oder Desinteresse die Verantwortung übernehmen, weil sie tun könnten, was ihnen, nicht den Dozenten, nicht den Stoffplanern, wichtig erscheint.

Das klingt nach einer Revolution. Ihr Stratege ist der amerikanische Psychologieprofessor Carl R. Rogers. Seine professionelle Erfahrung hatte ihm gezeigt, daß Menschen gerne lernen, was sie interessiert. Interessierten erschließt Lernen Neues, sie versprechen sich etwas vom Lernen und bekommen es auch, wenn sie durchhalten. Nur wenn Lernen sie in bedrohliche Situationen führt, wehren sich Menschen gegen Neues. In akademischer Umgebung fürchten viele, blamiert, erniedrigt, ausgelacht zu werden. Fällt die Bedrohung fort, schwindet auch die Furcht. Carl Rogers fand heraus, um wieviel besser der Mensch lernt, wenn er dabei etwas tut und wenn er sich die Ziele selber steckt. Am besten lernt, wer ganz in einer Sache aufgeht. Auch ist wichtig, daß nicht ein anderer, sondern der Lernende selber seine Fortschritte wahrnimmt und beurteilt. Wer so lernt, lernt das Lernen. Warum das wichtig ist? Weil die Wissenschaften nicht stehenbleiben, weil die Fakten von heute in zehn Jahren nur noch Wissenschaftsgeschichte sein können. Wer dann immer noch dabei sein will, muß ständig weiterlernen.

Wenn das stimmt, dann ist es wichtig, ein Lernender, dann ist es unwichtig, ein Lehrender zu sein. Der Dozent wird zum »Leichtermacher« *(facilitator)*. Weil Dozenten länger in ihrem Fachgebiet arbeiten als Studenten, wissen sie mehr, haben sie größere Erfahrung und einen weiteren Horizont. Das qualifiziert sie als Leichtermacher. Sie stellen ihr Wissen zur Verfügung. Aber sie geben es nur an Studenten weiter, die es haben wollen. Anderen drängen sie es nicht auf.

Das verlangt von Dozenten vor allem Vertrauen in die Studenten. Ich traue ihnen zu (und nicht nur mir selbst!), daß sie Probleme lösen können. Ich verlange von ihnen nicht, daß sie an dem interessiert sind, was mich gerade interessiert, daß sie meine Wege nachgehen. Jeder wählt sich das Thema und die Methode, die ihm interessant und sinnvoll zu sein scheint. Ich stelle mich als Berater zur Verfügung und helfe ihnen, an Material zu kommen, das sie haben wollen. Ich halte mit meiner Sicht nicht hinter dem Berg, aber ich äußere sie als eine unter anderen, ich dränge sie nicht auf. Bei all dem lerne ich viel über mich selbst. Ich lerne meine Grenzen kennen und akzeptieren. Ich lerne, welche meiner Einstellungen das Lernen von Studenten fördern und welche es behindern.

Seit ich den Argumenten von Carl Rogers und anderer humanistischer Psychologen begegnet bin (ich wünschte, es wäre früher in meinem Leben gewesen!), habe ich sie anzuwenden versucht. Gewiß, es ist unmöglich, Religionswissenschaft allein auf diese Weise zu studieren. Dazu müßte der Universitätsbetrieb umgeformt werden. Zudem gibt es Studenten, die geleitet und überprüft werden wollen. Aber wenigstens ein Seminar im Semester läßt sich dafür reservieren. Innerhalb eines Generalthemas sucht sich jeder sein besonderes Thema, das die Studenten allein oder in Gruppen, schriftlich oder als Referat bearbeiten. Die positive Reaktion der meisten Teilnehmer hat mich bestärkt, nach ersten Versuchen fortzufahren. Die Ergebnisse haben das gerechtfertigt. In eigener Verantwortung sind Studenten auf originelle Themen und überzeugende Lösungen gekommen. An einfallsreichen Forschern dürfte es der Religionswissenschaft in Zukunft nicht mangeln.

5. Der unbeteiligte Zuschauer

Manchmal geben wir einer Sache, wenn wir sie lesen oder hören, keine Chance. Reizwörter lösen Alarm in uns aus, wie wenn eine Glocke schrillte. Dann schließt sich automatisch jedes Schott, wir sind im Kriegszustand, abwehrbereit, auf Tauchstation, eingeigelt, geladen. Und dann ballern wir los, feuern ab, was in unseren Rohren steckt, und das ist meistens scharfe Munition. Was uns bedroht, das wollen wir zerfetzen oder verjagen. Ist es stärker, dann flüchten wir Hals über Kopf, wechseln abrupt das Thema, blättern rasch weiter oder mißverstehen wie vernagelt.

Das Gegenteil wäre, wenn wir offen blieben. Dann gibt es keinen Alarm, keine vorschnell abgefeuerten Urteile, keine Panik. Dann können wir, selbstvergessen, alle Kraft in die Erkundung jener Sache investieren. Zuerst müssen wir freilich, militärisch gesprochen, abrüsten. Und dann müßten wir unsere Abrüstung streng kontrollieren. Dazu brauchen wir den unbeteiligten Zuschauer, den unparteiischen Zeugen.

Unsere Abwehrmechanismen funktionieren automatisch. Irgendetwas löst den Alarm aus und alles andere läuft ab wie von selbst. Wir reagieren wie Roboter, vorhersagbar, routinemäßig, weil wir programmiert sind. Es gibt vielerlei Programme, was, wer und wie wir sein sollen oder nicht sein sollen. Manche steuern unser Verhalten seit Kindertagen, andere haben wir später erworben. Identifiziert mit einem unserer Programme, reagieren wir roboterhaft. Das, womit wir uns identifizieren, zwingt uns, es nimmt uns die Freiheit, anders zu reagieren. Daraus folgt: Willst du frei sein, mußt du deine Identifizierungen aufgeben! Indessen, zuerst müßte der Roboter seine Programmierung erkennen. Dazu verhilft ihm der unbeteiligte Zuschauer.

Greifbar äußern sich unsere Identifizierungen in unseren Bewertungen und Urteilen. Wir können erkennen, womit wir uns identifizieren, wenn wir erkennen, *wie* wir bewerten, und das zeigt uns der unbeteiligte Zuschauer.

Er ist eine Funktion unseres Bewußtseins. Solange wir etwas automatisch verrichten, schläft unser Bewußtsein. Gelegentlich erwacht es von selbst, zum Beispiel in Momenten akuter Gefahr. Danach schläft es weiter. Wer bewußt werden will, muß sein Bewußtsein wecken und sich anstrengen, es wach zu halten. Bewußt sein bedeutet, in der Gegenwart sein. Beim Gehen gehen! Beim Essen essen! Beim Wahrnehmen wahrnehmen! Tagträume, Phantasien, Vergangenes, Zukünftiges, all das sind Fluchtwege. Auch Intellektualisieren wirkt auf unser Bewußtsein als Schlafmittel. Intellektuelle charakterisiert, daß sie über etwas reden, aber nicht, daß sie etwas erfahren.

Der unbeteiligte Zuschauer gleicht Forschern, die beharrlich und geduldvoll etwas beobachten, ein Ameisenvolk vielleicht oder ein Sternbild. Wer solches Beobachten von der Außenwelt nach innen wendet, hat den unbeteiligten Zuschauer. Zuerst übt man anhaltendes Bewußtsein: beim Gehen gehen und so weiter. Dann übt man Zuschauen: beim Gehen nicht mehr Geher sein, sondern ein Zeuge, der den gehenden Körper wahrnimmt. Dieser Zeuge nimmt alles wahr, egal, was man tut. Er nimmt es wahr, bleibt aber unbeteiligt. Er beobachtet alles so, wie es geschieht, ohne irgendetwas zu bewerten. Er gibt sich auch keine Zensuren fürs Zeugesein. Fürchtet sich der Mensch, registriert sein unbeteiligter Zeuge: »Furcht ist da«. Er darf die Furcht nicht beurteilen: »das geschieht dir aber recht!« oder »wie schrecklich!« Wenn der Mensch nicht mehr gegen sie ankämpft, wird Furcht, die im automatischen Zustand aggressive Abwehr oder panische Flucht auslöst, vergehen wie sie gekommen ist. Der unbeteiligte Zuschauer schaltet nämlich das beteiligte Ich ab. Das Ich begehrt, was es nicht hat, und was es hat, fürchtet es zu verlieren. Solange wir bewußt sind, bleiben wir unbeteiligt: weder Begehren noch Furcht können sich in uns ausbreiten. Dann haben wir uns selbst vergessen und sind frei, wahrhaft objektiv zu sehen, was sich uns zeigt.

Anmerkungen

Religionsgeschichte, S. 35.

1 Joachim Wach, *Religionswissenschaft. Prolegomena zu ihrer Grundlegung,* Leipzig 1924.

Religiöse Texte, S 36ff.

1 F. Max Müller, *Alte Zeiten, Alte Freunde,* Gotha 1901, 249f.
2 George Grey, *Polynesian Mythology,* Christchurch 1965, 7.
3 Ebenda.
4 *Der Wahrheitspfad. Dhammapadam,* übertr. von Karl Eugen Neumann, München 3. A. 1949, 67–68.
Karl Seidenstücker, *Pali-Buddhismus in Übersetzungen,* München-Neubiberg 2. A., 1923, 16.
Sprüche und Lieder, aus dem Pali übers. von Kurt Schmidt, Konstanz 1954, 37.
5 Henare Potae und Mohi Ruatapu, »Mahi a Maui«, *Journal of the Polynesian Society* 38 (1929), 26.
6 George Grey, *Nga Mahi a nga Tupuna,* Wellington 1971, 4th ed., 23.
7 Richard Taylor, *Te Ika a Maui or New Zealand and its Inhabitants,* London 1870, 132.
8 A. W. Reed, *Maui. Legends of the Demigod of Polynesia,* Wellington 1943, »Godess of Death« (ohne Seitenzahl).
Ders., *Myths and Legends of Maoriland,* Wellington 1950, 68.
9 F. Max Müller, a.a.O., 364.

Religiöse Bilder, S. 50ff.

1 Rudolf Otto, *Aufsätze, das Numinose betreffend,* Stuttgart/Gotha 1923, 110.
2 Ebenda, 116.
3 Derselbe, »Die Marburger Religionskundliche Sammlung«, *Mitteilungen des Universitätsbundes Marburg,* 1933, Heft 3, 29.
4 Emil Nolde, *Mein Leben,* Köln 1976, 262–263.
5 Ebenda, 263.
6 Ebenda, 280.
7 George Catlin, Die Indianer Nordamerikas, München o.J., 7.
8 Ebenda.
9 Th. P. van Baaren, *Menschen wie wir,* Gütersloh 1964, 218.
10 Prospekt für das neue Jahrbuch *Visible Religion,* das zuerst 1982 erschien.

11 Thomas E. Mails, *Sundancing at Rosebud and Pine Ridge*, Lincoln 1978.
12 Der Film heißt *N/um Tchai: The Ceremonial Dance of the !Kung Bushmen*, 1957–58; 1969.

Religiöse Menschen, S. 62ff.

1 Wilfred Cantwell Smith, »Comparative Religion: Whither – and Why?«, M. Eliade and J. M. Kitagawa (Hg), *The History of Religions. Essays in Methodology*, Chicago 1959, 31–58.
2 Ebenda, 34.
3 Ebenda, 43.
4 *Anthropological Papers*, The American Museum of Natural History, vol. XVI, 1921, 154–155.
5 Paul Tillich, »Meine Vortragsreise nach Japan 1960«, *Gesammelte Werke*, Bd. XIII, *Impressionen und Reflexionen*, Stuttgart 1972, 517.
6 Ebenda, 501–502.
7 Klaus Klostermaier, *Christ und Hindu in Vrindaban*, Köln und Olten 1968, 42.
8 Ebenda, 55.
9 Earle, H. Waugh and K. Dad Prithipaul, *Native Religious Traditions*, Corporation Canadienne des Sciences Religieuses/Canadian Corporation for Studies in Religion, 1979, vi.
10 John B. Carman, *Bulletin. Center for the Study of World Religions*, Harvard University, Fall 1982, 9–10.
11 Marcel Griaule, *Schwarze Genesis*, Freiburg, Basel, Wien 1970, 10.

Religiöses Leben, S. 74ff.

1 Ernst Benz, »Meine buddhistischen Nachbarn«, *Antaios*, III (1962), 420.
2 Rudolf Otto, »Vom Wege«, *Die Christliche Welt*, 25. Jg., Nr. 30 (1911), 708–709.
3 Klaus Klostermaier, a.a.O., 67.
4 Wilfred Cantwell Smith, a.a.O., 39, Anm. 18.
5 Ebenda, 33.
6 Ebenda, 32, Anm. 3.

Die Theorie, S. 88ff.

1 Rudolf Otto, *Das Heilige. Über das Irrationale in der Idee des Göttlichen und sein Verhältnis zum Rationalen*, München, 31. bis 35. Aufl. 1963.
2 Robin Minney & Maureen Potter, *Awe and Wonder in the Classroom*, Durham 1984.
3 Paul Tillich, *Religionsphilosophie*, Stuttgart 1962, 12.
4 Friedrich Schleiermacher, *Über die Religion*, hg. von Rudolf Otto, Göttingen 1899, 29.

Der Vergleich, S. 99 ff.

1 Hans-Jürgen Greschat, *Westafrikanische Propheten. Morphologie einer religiösen Spezialisierung,* Marburg 1974.

Das Phänomen, S. 112 ff.

1 Gerardus van der Leeuw, *Einführung in die Phänomenologie der Religion,* hg. von Friedrich Heiler, München 1925.
2 Derselbe, *Phänomenologie der Religion,* Tübingen 3. Aufl. 1970.
3 Friedrich Heiler, *Erscheinungsformen und Wesen der Religion,* Stuttgart 1961.
4 Geo Widengren, *Religionsphänomenologie,* Berlin 1969.
5 Diesen Scherz, er soll die theoretische Einstellung in einer witzigen Überspitzung sichtbar machen, hat der britische Physiker Arthur S. Eddington ausgedacht.
6 Walter L. Brenneman, Jr. and Stanley O. Yarian, *The Seeing Eye. Hermeneutical Phenomenology in the Study of Religion,* University Park 1982, 17.
7 Ebenda, 82.
8 Friedrich Heiler, *Das Gebet. Eine religionsgeschichtliche und religionspsychologische Untersuchung,* zitiert nach der 5. Aufl. München 1923.